上窑村志

姚望新 ◎ 著

中山大学出版社
·广州·

版权所有　翻印必究

图书在版编目（CIP）数据

上窖村志 / 姚望新著. --广州：中山大学出版社，2024.12.
ISBN 978-7-306-08225-1

Ⅰ.K296.55

中国国家版本馆CIP数据核字第2024V0J702号

SHANGJIAO CUNZHI

| 出　版　人：王天琪
| 策划编辑：高　洵
| 责任编辑：高　洵
| 封面设计：林绵华
| 责任校对：陈　颖
| 责任技编：靳晓虹
| 出版发行：中山大学出版社
| 电　　话：编辑部 020-84111996，84113349，84111997，84110779
| 　发行部 020-84111998，84111981，84111160
| 地　　址：广州市新港西路135号
| 邮　　编：510275　传　　真：020-84036565
| 网　　址：http://www.zsup.com.cn　E-mail：zdcbs@mail.sysu.edu.cn
| 印　刷　者：佛山市浩文彩色印刷有限公司
| 规　　格：787 mm×1092 mm　1/16　16印张　244千字
| 版次印次：2024年12月第1版　2024年12月第1次印刷
| 定　　价：98.00元

如发现本书因印装质量影响阅读，请与出版社发行部联系调换

《上窑村志》编委会

主　　任　　黄少林

执行主任　　姚望新

副 主 任　　姚忠生

委　　员　　黄少林　姚望新　姚忠生　王秋林
　　　　　　陈文惠　李晓颦　邹晓东

源远流长、人才辈出的古村落
——序《上窖村志》

林伦伦[①]

潮人的优秀品质之一就是懂得感恩：滴水之恩，当涌泉相报，这是全体潮汕人的共识。

感恩可以表现在很多方面，感恩的方式也可以有所不同。而"拜祖公"（或叫"拜阿公"），是感恩祖德的一种仪式感十足的独特表现，其目的在于通过四时八节

---

① 林伦伦，广东技术师范大学教授、国际潮学研究会学术委员会主任，曾任广东省政协第8~11届常委、省人民政府参事室参事，汕头大学、广东技术师范学院副校长，韩山师范学院校长。

的重复活动，来强化子孙后代对祖上恩德的感念。于是，在全国范围内，潮汕地区的姓氏宗族祠堂保存得最好，因为祠堂就是潮汕人在"每逢佳节倍思亲"的时候举行庄重的仪式来祭奠先祖、感念恩德、教育后昆的最为庄严肃穆之处所。

而在文化方面，潮汕人慎终追远、感恩祖德的表现，则是重视修撰族谱宗牒，溯源清流，发掘、保护和传承祖上优秀的精神文化遗产，以鼓励当世族亲和后世子孙。于是，潮汕地区的族谱宗牒就像祠堂一样，也是普遍存在的。

姓氏宗族有族谱宗牒，地方则有地方志，如县志、省志等。从一个地方的宗族长老组织，到国家政府机构，时机一旦合适，便会组织财力、物力和人力，进行志书的编撰，此所谓"盛世修志"。

潮人历来重视修撰志书，从府志到县志，宋代以降，不下数十部。如饶宗颐先生主修《潮州志》，抗日战争胜利，即召集人力，在资金严重不足、非常有限的条件下于汕头继续编撰。

县以下的一些地方，有识之士还组织编写乡志、村志，现在还有镇志，如澄海区的莲下镇有《莲下镇志》，原属澄海、现属汕头市龙湖区的外砂，也出《大衙村志》，等等。有一些著作虽然没有以"志"命名，但比较全面地介绍了村、镇各方各面的基本情况，可称为"不叫'志'的志书"，如龙湖区的《记住外砂》、澄海区的《汕头古村落·前美村》《汕头古村落·程洋冈村》《汕头古村落·樟林村》，等等。

近年来，澄海区澄华街道上窖社区重视古村落保护和文化资源的挖掘，继被评为"广东省古村落"之后，又组织人力编写村志。目前，《上窖村志》已成稿，作者姚望新兄是我上华中学的师弟。编委会邀请我作序，我阅读之后，觉得这是一本介绍省级古村落的好书，便写下了读后感，倘能帮助读者理解编委会乡亲们的编撰宗旨、对读者的阅读理解有帮助，便算是完成任务了。我认为，本书的"闪光点"有二：

其一，资料性强。该书用流畅的文字和丰富的资料介绍了上窖村的地理位置、历史沿革、村政沿变、村貌概况，以及乡村建设的基本情况。并且对村里的林、高、姚、黄四大姓追源溯流，基本理清楚了祖上从福建来此创村,以及创村后村中各支派发展的情况。读者阅读了第一章,对村史源流,便一清二楚。

上窖村是省级的古村落,传统潮派建筑,从"下山虎""四点金"到"驷马拖车",样样都有。林、高、姚、黄四大姓祠堂,也基本保持完好。民俗方面,尤其是节俗方面的资料,丰富多彩。上窖村虽小,仅2700多人的规模,但民俗活动办得有声有色。望新兄对潮汕民俗方面多有研究,在这方面着力尤多,很有看头。

其二,上窖村地处韩江古驿道,昔日也曾是繁华之地,地灵人杰,村子里人才辈出,从古代的进士、刑部主事到近代的著名华侨、革命侨领。每一位专家学者讲到汕头埠的崛起,都会讲到高满华(宗实)、高学能(舜琴)、高学修(晖石)、高绳芝祖孙三代的巨大贡献。我曾经在黄晓坚、杨锡铭《东南亚潮州人研究》一书的序言里写道:

外来的海洋文化、侨乡文化渗透到潮汕社会的方方面面,与民众生活息息相关。当第一根"电报杉"(电线杆)树立起来、第一条输电线架设起来,第一只电灯亮起来,为新兴的滨海城市带来了光明;当第一条电话线拉起来,第一个电话打过来,把千家万户的欢声笑语谱成欢快的乐章;当第一条水管穿街过巷进入家家户户,第一只水龙头的自来水哗哗流出,唱出动人的生活之歌;当潮州与汕头的第一条铁路修建起来,第一列火车在潮汕大地上轰隆轰隆地如游龙蜿蜒穿行:粤东地区从古代农业文化到近代商业文化、工业文化的历史嬗变终于发生了!华侨华人们对家乡的回馈投资建设,无疑起到了关键性、历史性的作用。

汕头埠的第一根"电报杉"（电线杆）、第一封电报、第一条电线、第一只电灯、第一通电话、第一只水龙头……都是高氏家族的贡献。一个家族为家乡、为国家做出了如此巨大的贡献，真的是值得为其大书特书、勒石记功。而姚氏家族之翘楚、著名潮剧表演艺术家姚璇秋，曾经进京为第一代革命领袖毛泽东、周恩来等做专场演出，誉满神州，在潮汕侨乡和海外潮人中家喻户晓，也值得为其著书立传。

中山大学著名历史学家陈春声教授在"福建文书系列"序言中指出："在收集史料的同时，必须扩大眼界，广泛地利用有关辅助科学知识，以民俗乡例证史，以实物碑刻证史。"笔者这几年尽绵薄之力帮助澄海区侨联组织大学生、研究生寒暑假做侨乡历史文化资源田野调查，帮助家乡的一些村镇做镇志、村志，帮助一些宗亲组织做族谱宗牒，就是基于与陈春声教授相同的观点和对家乡历史文化遗产价值的文化自觉和文化自信。

综上所述，我认为，《上窖村志》不仅仅能为该村留下集体的记忆，为子孙后代留下丰富的文化遗产，而且还是一本能为历史学者、社会学者提供"民俗乡例""实物碑刻"的好书。

也因此，我愿意为《上窖村志》作序推荐之。

癸卯中秋于花城南村

概况

　　韩江边，古驿道，老渡口。水道如玉带，池塘似碧玉，这座古老村落有着别样的美丽。

　　上窑，原名玉窑，南依韩江，北临城区，东望南海，西眺桑浦。辖区内总面积0.65平方公里，近1000亩[①]，其中村民居住面积约350亩，全村560多户，户籍人口2700多人。

　　上窑创村历史悠久，可追溯至南宋年间，迄今已有700多年。上窑依江而立，环境优美，民风淳朴。一条古驿道横贯东西，村民逐古驿道而居，潮汕民居鳞次栉比。上窑素有"十姓九宫八祠堂"之说，黄、高、姚、林、

---

① 1亩约为667平方米。

陈、吴、郑等姓氏村民和睦共处。宗祠、祖屋不少保存完好,其中不乏源远流长的名门望族遗留之老屋,雕梁画栋、飞檐翘角可辨昔日之繁华,装饰于这些古建筑之上的嵌瓷、木雕、石雕、壁画等工艺精美绝伦,堪称一座开放式的潮汕民间艺术博物馆,更是此处历史悠久、人杰地灵的佐证。

村内池塘众多,更有人工水渠绕村而筑,流淌的溪流给古老的村庄增添了几分灵动和生气。村头巷尾,随处可见百年古榕,枝繁叶茂,盘根错节,仿佛历经沧桑的长者,荫庇着生生不息的住民。

韩江边上,连接古驿道的上窖古渡曾经是沟通韩江两岸的重要通道,从这里乘船可以直达龙湖区大衙社区,至潮安区庵埠镇,到达潮州城。古渡口屹立数百年,至今渡船仍然穿梭韩江两岸,续写着悠悠历史。

2020年,上窖社区荣获"广东省卫生村"称号。2021年,上窖荣获第七批"广东省古村落"称号。2022年,上窖社区启动创建国家"防灾、减灾、救灾"示范社区工作,2023年通过市、省的检查验收。

只争朝夕,不负韶华。在习近平新时代中国特色社会主义思想指引下,上窖社区党总支正带领全村干部群众着力实施新时代乡村振兴战略,建设望得见山,看得见水,记得住乡愁的美丽乡村。

■ 古榕树(袁笙摄影)

第一章　历史渊源

村政发展 / 002

　　【附】2007年以来社区户籍人口变化情况 / 003

姓氏溯源 / 004

　　1. 林氏溯源 / 004

　　2. 高氏溯源 / 005

　　3. 姚氏溯源 / 006

　　4. 黄氏溯源 / 007

新中国成立后上窖村历任领导班子成员 / 009

学　　校 / 010

上窖老年人协会 / 013

第二章　村落概貌

古村落 / 017

　　1. 昔日古驿道 / 017

　　2. 高厝内"驷马拖车" / 018

　　3. 林厝"科贡传芳" / 020

    4. 石池"江夏旧家" / 021
    5. 沟尾姚氏"四点金"民居 / 025
    6. 外高"四点金"民居 / 025

新村落 / 026

宗　祠 / 029

    1. 黄氏大宗祠 / 029
    2. 高氏孟祖祠 / 031
    3. 高氏宗祠 / 034
       【附】高氏宗祠内碑记 / 036
    4. 姚氏宗祠 / 040
    5. 林氏宗祠 / 045
       【附】上窖社区道路（街巷）标准地名 / 049

第三章　古渡口

  渡口故事之一　百年渡口曾是"红色通道" / 062
  渡口故事之二　古老渡口见证日军烧杀罪证 / 065

第四章　美丽乡村建设

  上窖荣获"广东省古村落"称号 / 070
  全面部署防灾减灾救灾，上窖创建国家示范社区 / 073
  澄海区在上窖召开防灾减灾救灾推进会 / 076
  率先推行"粤居码"，打造平安幸福村居 / 077
  澄海区法治宣传进社区 / 080
  疫情防控共聚力，党建引领送关爱 / 081
  几许湾湾池水，平添灵性活力 / 083
  剪纸送村民，墨香暖人心 / 086
  建体育公园、修"小长城"，乡村多了网红"打卡地" / 088
  民俗文化巡游，古村登上热搜 / 092

上窑村烟花秀，社区大放光彩 / 096

美丽乡村气象新，五代同堂乐悠居 / 098

700年古村落，落脚处有故事 / 100

创建"百千万"典型村，启动社区水改项目 / 110

第五章　人生礼俗

结婚习俗 / 116

孕妇礼俗 / 123

育儿礼俗 / 125

第六章　时年八节

春　节 / 130

元宵节 / 132

清明节 / 133

端午节 / 134

中元节 / 135

中秋节 / 137

冬　至 / 139

除　夕 / 140

第七章　民间信仰

宫庙信仰 / 144

　（一）元帅爷宫 / 144

　　1. 赵元帅爷 / 145

　　2. 三山国王 / 145

　　3. 文判爷 / 147

　（二）天后宫 / 147

　（三）佛祖宫 / 148

　（四）伯爷公宫 / 149

　（五）伯公宫 / 150

吉日信仰 / 151

　（一）民间吉日信仰日子 / 151

　（二）吉日习俗 / 151

　　1. 神落天（正月初四） / 151

　　2. 食"七样羹"（正月初五） / 152

　　3. 天恩公生（正月初九） / 152

　　4. 太阳公生（三月十九） / 153

　　5. 公婆生（七月初七） / 153

　　6. 五谷母生（十月十五） / 154

　　7. 神上天（十二月二十四） / 154

宗祠信仰 / 156

 （一）上窖宗祠祭祖日 / 156

  1. 黄氏宗祠 / 156

  2. 高氏孟祖祠 / 156

  3. 高氏宗祠 / 157

  4. 姚氏宗祠 / 157

  5. 林氏宗祠 / 158

 （二）上窖黄氏宗祠思成堂升龛晋主行祭仪轨 / 159

 （三）晋主日：一场人神共乐的狂欢 / 160

"营老爷"习俗 / 162

第八章 特色产业

白 葛 / 167

 【附】《汕头都市报》报道文章 / 168

养鹅和卤鹅 / 171

广东韩江轻工机械有限公司 / 174

汕头市澄海区正益设备有限公司 / 179

汕头市澄海区佳宜纺织品有限公司 / 182

第九章　文化传承

非遗项目：玉林斋儿科 / 187

　　【附】《玉林斋四字歌》/ 191

非遗项目：潮汕人过番传说 / 192

村里曾有潮剧班　村民唱村民演 / 196

第十章　人物

名　人 / 200

　　（一）京府尹姚中孚 / 200

　　（二）明解元姚士裘 / 201

　　（三）武举人高中 / 203

　　（四）诗人姚天健 / 204

　　（五）红头船人物高满华 / 205

　　（六）高氏家族第二代掌门高学能 / 207

　　（七）华侨实业家慈善家高晖石 / 208

　　（八）辛亥革命"着花红烈士"高绳芝 / 209

　　（九）香港著名掌故大师高伯雨 / 213

　　　　【附】《深圳商报》文章 / 214

（十）潮汕近代著名画家高振之 / 218

（十一）韩江纵队老战士高风 / 219

（十二）著名潮剧表演艺术家姚璇秋 / 221

（十三）教育家黄宇智 / 228

乡　贤 / 229

（一）高　峰 / 229

（二）黄冠城 / 230

（三）高叙壮 / 230

（四）黄焕亮 / 231

（五）姚新民 / 231

（六）黄少钦 / 232

上窑村发展大事记 / 233

后　记 / 235

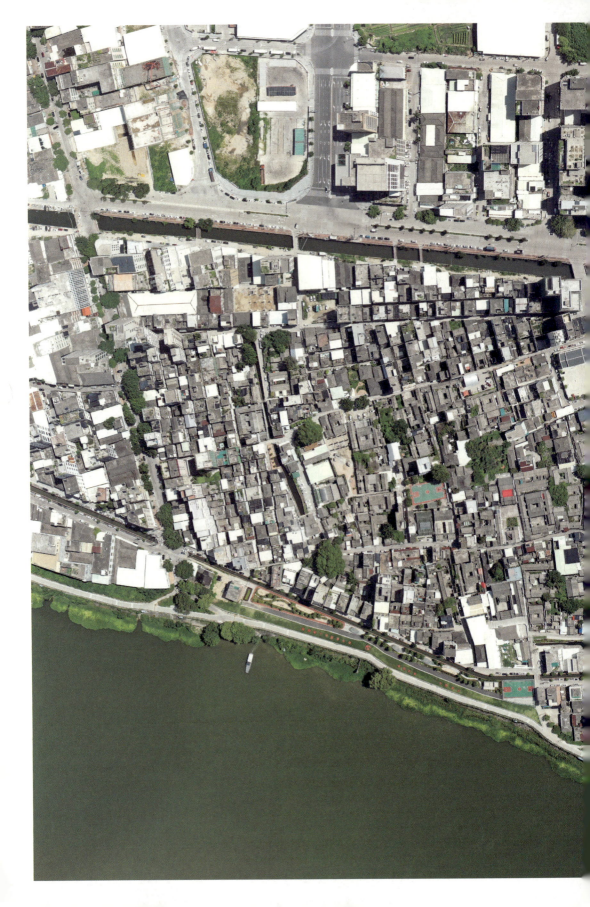

上窑村志

第一章 历史渊源

村政发展

上窖社区,古称玉窖,隶属广东省汕头市澄海区澄华街道,位于澄华街道西南部,南临韩江下游支流西溪,东接下窖,西邻冠山,北近龙田,附近有冠山书院主题公园、奥飞市民广场等景点。

上窖傍近韩江,往下可直接出海,往上直通潮州古城,渡船到对岸可达大衙、渔洲、鳌头、庵埠等处,昔日是水陆交通要地。

上窖创村于南宋年间,历史可上溯700多年。

明清时期,官府在上窖村境内设置驿铺,即驿站,专门承办官府公文传递及信差住宿。全县总驿铺设于县城,北行10里到上窖铺,自上窖铺西行过鳌头渡,10里至海阳县鳌头铺。南行则经过上窖、大衙、梅溪渡,10里至海阳县庵埠铺。上窖驿铺设在"高厝内",配有铺屋三间和木牌一面,住铺兵两名。光绪年间,澄海县开办邮局后,驿铺被裁撤。从此,上窖驿铺结束了200多年的运营历史。

上窖村原属海阳县。明嘉靖四十二年(1563),澄海设县,属澄海县下外莆都。乾隆版《澄海县志·乡都》记载:"城西五里曰上窖,即玉窖。"

1921年,属澄海县在城区。1946年属澄海县冠华乡。中华人民共和国成立后属澄海县上华区。1958年,属澄海县人民公社第三大队301团。1959年1月,属汕头市郊澄海人民公社。1961年,属澄海县上华人民公社上窖生产大队。1984年,属澄海县上华区上窖乡。1987年,属上华镇上窖行政村。1994年,属澄海市上华镇上窖管理区。1996年,属澄华街道上窖管理区。2003年至今,属澄海区澄华街道上窖社区。

1976年,上窖村集体设立机械碾米厂,

■ 乾隆手抄本《澄海县志》

■ 上窖社区居委会会议厅

为村民提供碾米服务,所用动力是一台20马力①的柴油机。是年年底,全村架设供电线路,上窖村集体利用这台柴油机发电。从此,村民用上电灯,结束了单一使用煤油灯照明的历史。这台仅20马力的柴油机,白天碾米,晚上发电。后来,村里供电线接入澄海供电部门的电网。1999年年底,全村实行电改,供电部门电表直抄到户。

1995年,村民开始用上自来水,由建于韩江边的自来水塔供水。2000年,全村实施水改,澄海自来水公司供水管网接入村民家中。从此,村民才实质性用上自来水。

2022年,在上级部门的支持下,上窖社区居委会党政办公楼建成并交付使用。该办公楼位于元帅爷宫旁的赵爷池旧址,占地面积近1000平方米,三层楼高,规范设计,标准施工,建筑面积1000平方米。

【附】2007年以来社区户籍人口变化情况

- 2007年:2378人
- 2008年:2380人
- 2009年:2391人
- 2010年:2499人
- 2011年:2498人
- 2012年:2510人
- 2013年:2568人
- 2014年:2598人
- 2015年:2664人
- 2016年:2672人
- 2017年:2703人
- 2018年:2713人
- 2019年:2716人
- 2020年:2739人
- 2021年:2737人
- 2022年:2743人
- 2023年:2700多人

---

① 1马力约为0.746千瓦。

姓氏溯源

据相关资料记载，上窖林、高、姚三个姓氏先辈为最早创村居民。之后，黄、陈、吴、郑、卓、伍等姓氏相继落户。现在，主要姓氏是黄、高、姚、林、陈、吴、郑，其中以黄姓人口为最多。

1. 林氏溯源

据澄海林氏《粤东居安公世系族谱》记载，一世居安公，仕宋，官侍御史，银青光禄大夫。宋理宗年间，因官遂举家来潮。居蓬州都冠陇。生子三：致齐、进廷、盛恺。公系本宗支入潮初世祖，墓葬汕头金平区莲塘村。

二世致齐公，世居上华冠山为开房祖（冠山今属澄海区澄华街道）。

二世进廷公，居安公之次子，官承德郎。夫人谥孺人宽容黄氏，生子三，即朝奉、得实、良隐。

三世朝奉公，进廷公之长子，生于元明宗至顺元年（1330），衍华富、峰下、北陇、棉湖。

三世良隐公，进廷公之三子，衍上窖。"三世祖良隐公配夫人闺观王氏，衍上窖。"①

上窖林氏宗祠永思堂理事会第25世裔孙林启胜撰写的《世传辈序舆新编辈序》记载："本宗系林氏九牧之六牧蕴

■《上窖良隐公世系家谱》

---

① 参见《上窖良隐公世系家谱》，见《粤东居安公世系族谱》第36、37页，2008年编印。

公后裔,初世祖因官遂家从闽如潮,官居宋侍御史、银青光禄大夫居安公,配夫人诰赠承德夫人温恪殷氏妈于公元1260年间选址冠陇定居,子孙繁衍粤东各地,成为粤东望族。本祠裔孙系居安公世孙之二房进庭公三子良隐公,来上窑创业发展,子孙繁荣昌盛。后大部分族亲旅居海外及国内各地谋生发展,留在家中守业户数不多。"

上窑林氏宗祠永思堂辈序字编排表

老辈序诗

爵、川、岳、旭、英、贤、齐、治、平、秋、高。

新辈序诗

秋高香飘桂,廷献奏嘉猷,

西河昭硕举,昆季列科第,

敦叙传芳远,光宗耀鹏程,

仁本尊肇建,礼乐冠华声,

松苞奕叶碧,澄惠普星洲。

现在,上窑林氏传至第26世"平"字辈。

2. 高氏溯源

据《澄海高氏源流志》记载,乾隆六年(1741)岁次辛酉仲春重修家庙碑记载:"始祖宋节度使泰和公辅宋南渡,赐第临安,遗祖华峰公昆仲由漳入潮寓澄治于华窑乡(今下窑社区),创焉,计今六百余载,人敦礼让。"

始祖世则公,字仲贻,号泰和,讳烈,生于宋神宗元丰二年(1079),宋高宗绍兴十四年(1144)去世,享寿65岁,

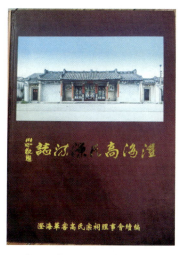

■《澄海高氏源流志》

历官节度使、万寿观仪、太子少保,辅宋南渡赠太傅,赐第临安,谥号忠节。

该志前言载:"澄海高氏始自宋代,已历八百余载,本宗祠碑刻记载:华峰公昆仲由漳入潮,寓澄邑华窖乡。"

始祖世则公遗子有四,长华峰、次华岩、三华山、四华岳,由漳浦入潮州,创居潮州府海阳县下外浦都华窖乡(今澄海区澄华街道下窖社区)。

华峰公昆仲为澄海高氏二世祖。

三房华山公曾孙五世祖务实公移居邻乡玉窖(今上窖社区)创业,距今已有700多年历史。①

澄海高氏辈序诗

日新常秉哲,懋迪启先贤。
坐朝道为本,成家更可延。

现在,上窖高氏已传至27世"朝"字辈。

3. 姚氏溯源

据《姚氏族谱》中的《玉窖姚氏开祥堂祖源及分布情况》记载,姚毓英,字子阳,原籍福建晋江,宋理宗淳祐二年(1242)至淳祐十二年(1252)任潮州统制,期满之后回故里定居。②

姚毓英(子阳)儿子姚中孚,字伯信,咸淳十年(1274)赐进士,授京府尹朝奉大夫。

---

① 参见上窖高氏宗祠碑记,见《澄海高氏源流志》第2、3页,澄海华窖祠堂理事会2019年编印。
② 参见《澄海姚氏族谱》第2页,澄海姚氏大宗祠宗亲联谊会2006年编印。

姚中孚致仕后，选择上窖定居，开基创业。自此，姚氏子孙在此繁衍生息，至今已有700多年。上窖及龙田、东门等澄海姚氏均奉姚毓英为一世祖，姚氏民居的门匾上多写有"晋江旧家""府尹旧家"。晋江，即指先祖来自晋江。府尹，指开基姚中孚曾为京府尹。

第14世祖姚士裘，子姚冀之，孙姚子颖。子颖公分二房，长房居东门，二房居玉窖。

著名潮剧表演艺术家姚璇秋出生于澄城，为上窖姚氏派系第23世裔孙。①

姚氏宗祠辈序诗

颖学光先训，懿常天性成。
允修其有永，世德展宜旌。

现在上窖姚氏已传至第28世"其"字辈。

澄海区澄华街道东门姚氏宗亲系上窖迁移过去，乾隆年间，建充之祖祠。20世纪末，旧城改造，东门祠堂被拆，其碑移至上窖姚氏宗祠。碑记《儒林郎充之先府君祠堂记》主题下刻有两枚印章，印文为"晋江分流""玉窖留芳"，见证了上窖姚氏源流。碑文见后面祠堂章节。

4. 黄氏溯源

据《上窖黄氏族谱》记载，上窖黄氏系明代从福建省莆田县石狮巷迁徙至本村定居立籍，上窖黄氏自此苗裔繁盛，至今已传至第25世，发展历史约600年。

始祖二英公，贡元出身。二世祖演峰公。三世祖分两房，长房怀隐祖，二房怀德祖。怀隐祖传至四世谨厚祖，创居沟口社。怀德祖传至四世

① 参见《澄海姚氏族谱》第9页，澄海姚氏大宗祠宗亲联谊会2006年编印。

分三房,长房易直祖创居石池社、堤头社及糖房内,二房易老祖创居北厝社,三房无嗣。此后各房子孙繁衍繁多。①

上窑黄氏宗祠思成堂从11世起就采用辈序排列辈分世代,一辈一字,世次分明。

黄氏宗祠辈序诗

上章山平钦儒林,千年畅茂广青州。
春华秋实时秬颖,振启家声著宏猷。

现在,上窑黄氏已传至第25世"春"字辈。

---

① 参见《上窑黄氏族谱》第24页,上窑黄氏思成堂理事会2017年编印。

新中国成立后上窖村历任领导班子成员

新中国成立后历任村主要领导：

黄壁鹏、黄洽茂、黄广藩、黄楚为、高汉成、黄启明。

现任社区领导班子成员：

黄少林，社区党总支书记、居委会主任、经济联合社理事长；

姚忠生，社区党总支副书记；

高泽颖，社区党总支部委员、居委会副主任、经济联合社副理事长；

林宏木，社区党总支部委员；

姚群，社区党总支部委员；

姚秀梅，社区党总支部委员、居委会委员、经济联合社理事会委员。

学 校

上窑自创乡以来,一直崇文重教。内高的"驷马拖车"和姚厝内等大院落,都曾开辟书斋,为教书育人地方。目前,村里有公办学校玉窑华侨小学,乐一和启航两所私立幼儿园。

玉窑华侨小学的前身是上窑学校,创办于1950年。当年,时任上华区文教助理的乡贤林潮春回到家乡上窑,和他的小学同学高祚隆一起筹办上窑学校,并出任教务主任兼教语文,校长是高祚隆。

■ 乐一幼儿园

据林潮春生前回忆,当时,村民高景祥负责教音乐、美术、体育;下窑村民高仕光老师教数学。村里小孩黄松海、黄松辉、黄宇礼、黄宇智、吴潮欣、吴潮坤、姚家鹏、姚雪芦、黄扬欣、

■ 启航幼儿园

黄扬英、林两国、高伟光、黄悦昌、黄介麟、黄裕松、陈镇欣、黄中国、姚惠兰等,纷纷入读,是新中国成立后上窑学校的第一代学生。当中,许多人后来在家乡建设中发展发挥了重要作用。

林潮春,1917年出生于上窑村,7岁开始在本村读书,13岁时离开家乡,到泰国学习经商,准备接手父亲的商铺。在泰国曼谷崇实学校读书时,在校参加"暹罗华侨抗日救国志愿团"。1938年10月,回国参加抗日

■ 玉窖华侨小学

救国运动。

抗战胜利后,林潮春历任冠华乡公所户籍干事、冠华乡乡长。他支持革命工作,暗中积极保护地下党人。新中国成立后,林潮春任上华区文教助理。林潮春担任文教助理一年多后,觉得自己更适合教书,于是辞职回乡任教。

学校自创办以来校址多次变迁,黄氏宗祠、沙园兵营、姚厝新厝内、高氏孟祖祠都曾先后被借用为校址。1991年11月,上窖村委会发动华侨和居委热心人士捐资人民币100多万元,在村东北面地段兴建新校舍,命名为"玉窖华侨小学"。从此,上窖办学条件大为改善,学校拥有属于自己的校址。

学校占地面积6667平方米,建筑面积1464平方米。现有学生242人,6个教学班。拥有礼堂、教学楼、综合楼各一幢,建有150米塑

■ 学校课堂

胶环形跑道操场、篮球场、羽毛球场、体育器械场各一个，图书室藏书10680册。教学区、运动区自然错开，各种功能场室设备齐全。

近年来，上级部门先后投入资金50多万元，改造了运动场，铺设了150米环形塑胶跑道、塑胶篮球场，配置6个多媒体智能平台，艺术走廊定期展出学生的书画精品，整个校园充满现代气息与浓郁的文化书香味道，办学效益明显提高。

2017年以来，学校参加街道小学生田径运动会，两次获团体总分前4名，两次进前6名；2017年1月参加澄海区第2届校园灯谜艺术节获团体三等奖；2017年7月五年级英语、语文分获街道学科教学均衡奖；2018年6月，学校少先队大队部评为"澄华街道红旗大队"；2019年5月、2020年9月学校参加汕头市创建文明校园提质升级评比，分别获得总分第3名和第4名的优异成绩。

近5年来，全校师生先后获省级以上荣誉5人次，获市级以上荣誉1人次，获区以上荣誉14人次。其中，魏来顺校长撰写的论文《以生为本，创新课堂教学新模式》于2019年6月参加《教育界》举办的"优秀论文大赛暨教育科研成果评选"获一等奖，并发表于国家级期刊。

新中国成立后玉窖华侨小学历任校长

高祚隆：1950—1954年

朱少辉：1954—1957年

黄宇智：1957—1959年

黄锦麟：1959—1973年

高为诚：1973—2000年

王实楷：2000—2008年

陈见新：2008—2012年

魏来顺：2012—2022年

邵冰娜：2022年至今

上窑老年人协会

1990年,上窑成立老年人协会,首任理事长为黄两壮。之后,黄洽茂、高永楷、黄叙国、黄爱国先后担任过老年人协会会长。

现任老年人协会领导班子成员

会长:姚楚镇

副会长:黄广发、高初成

委员:黄建彬、黄锡宏、黄国梁

上窑村志

第一章 村落概貌

上窑辖区总面积0.65平方公里，近1000亩，民居面积约350亩。

村内按路道划分为6个片区，近40条巷道。古村水道如玉带环绕，从西北沟口引水而入，自北至南、自西至东，经沟尾从东北流出。

上窑偎依韩江，澄海区境内两条重要水利动脉——南灌渠与八一排沟自西至东经过村落。

村里现有水渠3条，即文祠沟、沟口沟、沟尾池，分别位于古村落的西北方位和东南方位。村里还有池塘4个，即大池、龙舌池、沙池、姚厝池，池塘起蓄水池作用。

排水沟和蓄水池使上窑享有风水地理优势，虽处低洼窑地，却从未发生内涝。水道如玉带，池塘似碧玉，玉窑名称或由此而来。

■ 古驿道起点

古村落

目前，上窖古村落概貌较为完整，古驿道、堤头、沟口、北厝、石池、糖房内、林厝、青窗内、高厝内、吴厝、姚厝内、姚厝内书斋、沟尾等区域的古建筑保存较好。

1. 昔日古驿道

昔日的古驿道，如今称"永兴路"。上窖姚厝，一株老榕树伫立路口，那里是古驿道的起点。

明清时期，官府在上窖村境内设置的驿铺，就在这条驿道上。沿着不足一公里的古驿道自东向西行走，只见巷陌交通，鸡犬相闻，"四点金""下山虎""驷马拖车"……一座座独具潮汕建筑特色的民居就错落

■ 古驿道

在古驿道两旁。公巷、庵巷、卓厝巷……一条条南北走向的巷道与驿道互为照应，渲染古村落独特韵味。

古朴幽深，静谧奇秀，宛如一颗颗历史遗珠散落此间。

这些散发着古旧味道的老屋里，部分还依旧生活着一些原来的村民。沿街的居民开起店铺、集市，售卖本地特产。斑驳的墙面，蜿蜒的巷道，人来人往，依稀可辨昔日的繁华，给人以时空穿越的错觉。

古驿道的尽头，也有一株数百年榕树，枝繁叶茂，浓荫蔽日，仿佛一位阅历丰富的人，见证着这片土地的岁月沧桑。与古驿道连接的便是上窖渡口，从这里乘船横渡韩江，可以通往大衙、庵埠，直达潮州。

2. 高厝内"驷马拖车"

高厝祖屋是一座典型的潮汕民居——"驷马拖车"，由三落二火巷和后包组成。据高家族人介绍，该院落一共有99个门、4口水井，现今保存完好，井水清澈如镜。高厝祖屋大门门楣上书4个大字"渤海世家"，透露着高姓家族深厚的历史渊源；深宅大院以及恢宏的建制，透露着这个家族那个时代的辉煌和奢华。

■ 高厝祖屋

■ 高厝內

■ 高厝内水井

相关资料记载，渤海世家发源于山东省。渤海高氏世家于东汉末形成后，至西晋渐趋兴盛，并形成渤海、渔阳、辽东、广陵、河南等多个支系。南北朝时期，渤海高氏已成为山东（指太行山以东）门阀士族的代表，进入鼎盛阶段，控制北魏、东魏政治，建立北齐政权。渤海高氏经过十六国、北朝的发展，其家族地位日益提高，完成了士族化的过程，与此同时，其家族的谱系也日益绵长。

3. 林厝"科贡传芳"

林氏的"西河旧家"祖屋，位于古驿道上，古巷深深，门楣匾额、壁画修旧如旧，老屋虽已破落，但规模、建制清晰可辨，"科贡传芳"字样昭示其先祖曾经的辉煌和耕读传家、崇文尚学的家风。从字面解读，该祖屋先祖在科举中曾中过贡生。

■ "西河旧家"祖屋　　■ 林厝"科贡传芳"

4. 石池"江夏旧家"

石池"江夏旧家"古民居坐落在石池,临古驿道。门前曾经有池塘,池塘现已填没,但现存石栏杆完好,"石池"名字由来应是如此。老屋虽历经沧桑,但仍保存完好,经过后人修葺之后重现昔日风采,门口壁画清晰可辨,屋内雕梁画栋,精美如初。石池西侧也是一座潮汕传统民居,其建筑价值与"江夏旧家"有异曲同工之妙。

■ 石池"江夏旧家"古民居

■ "江夏旧家"正门

■ "江夏旧家"外景

壁画

■ 雕梁画栋

5. 沟尾姚氏"四点金"民居

沟尾"四点金"姚家祖宅始建于清道光年间,距今约有200年历史,历经战火,屹立不倒。四房一大厅,配套照壁、火巷、水井,还有神龛、阁楼等,是典型的"四点金"潮汕厝格局。民居主人祖上历代华侨,该民居先辈、上窑姚氏第23世孙姚允辉,字子煌,少年赴新加坡继承父业。他的妻兄李铁民是爱国华侨领袖陈嘉庚的主要助手,受其影响,姚子煌也积极参与陈嘉庚的爱国活动。新中国成立后,李铁民回祖国工作,后任全国侨联副主席。姚子煌却因身体原因憾未同行。

■ 姚家祖屋外景

6. 外高"四点金"民居

外高白灰埕高焕奎祖屋,是二进"四点金"传统民居,坐北朝南,西近高氏宗祠,中间隔庵巷,东与高振之故居相邻。该民居已有140多年历史,但整体结构及门窗、屋檐的装饰完好无缺。现在,祖屋后人仍珍藏建房先辈遗照,逢年过节还瞻仰祭拜。

新村落

■ 新村落组图

改革开放以后,特别是上窑划入城区澄华街道后,城市化进程加快,昔日田野已建成鳞次栉比的楼房,绝大多数村民已走出古村落区域,移居新住宅区。

■ 荣誉榜

宗 祠

宗祠是一个宗族祭奠祖先的场所，作为宗族的象征，在乡民心目中具有极高的地位，它既是一个宗族认祖归宗的场所，更是最能留住乡愁的圣地。潮汕宗祠文化源远流长、博大精深，是灿烂民间文化中的一朵奇葩，也是中华传统文化的一个组成部分。

上窑现存宗祠6座，即黄氏大宗祠、高氏孟祖祠、高氏宗祠、姚氏宗祠，以及林氏宗祠2座。

1. 黄氏大宗祠

黄氏大宗祠坐落在上窑古渡口附近，始建于清末，2010年和2014年两次重修。

占地面积906平方米的黄氏大宗祠为一座二进式的土木结构建筑，龙船脊，硬山顶。祠堂前的大埕，有一条河流淌而过，大埕左侧有两个旗杆座，正门对联为

■ 黄氏大宗祠

"莆田衍派，玉窖旧家"，昭示着这个家族的前世今生。

祠堂绿瓦灰墙，正面左右两幅大型石雕壁画，分别绘有松鹤、梅花鹿图案，寓意健康长寿、福禄双全；飞檐上的嵌瓷、屋脊上的彩绘，皆取材于传统的神话传说或戏曲故事，既精美绝伦，又有一定的教化意义；大门上方，"黄氏大宗祠"几个金色的大字熠熠生辉，高大的木门上，秦叔宝和尉迟恭两位武将门神彩像栩栩如生；两侧墙上，用大理石镌刻着6幅石雕书画作品，分别为集明代书法家董其昌，清代书法家钟孟鸿、王泽之字所成的班固、杜甫、苏轼等先贤诗文作品，笔走龙蛇，令人赏心悦目。

跨过门槛，抬头仰望，门楼厅横梁上悬挂一幅匾额，上书"黄仁勇状元"。据史料记载，黄仁勇（1762—1817），字良越，号智斋，谥庄敏，广东海阳县（今潮州市潮安区）古巷镇孚中村人。清嘉庆元年（1796）状元及第，钦点为会魁武状元、头等侍卫，官拜福建金门镇中军游击等职。在金门镇任职的15年中，黄仁勇倾注心血于加强海防，抵御外海，保卫国土，因成绩卓著，屡受朝廷嘉奖赏赐。黄仁勇自入仕途，为官清廉，乐为桑梓造福，在农田水利建设方面为百姓做出诸多贡献。清嘉庆二十二年（1817）病故于故乡孚中，终年55岁。

正堂为"思成堂"，堂上雕梁画栋，金漆木雕、壁画彩绘，尽显潮汕非遗元素。

■ 思成堂

2. 高氏孟祖祠

高氏孟祖祠，堂号"继述堂"，建于乾隆三十年（1765），占地面积520平方米。祠堂外埕视野开阔，照壁前辟出一方园圃，栽花植草，绿意盎然。

■ 高氏孟祖祠

■ 高氏孟祖祠正门

高氏孟祖祠外观简朴，正门两侧石雕除了描绘梅、兰、竹、菊"四君子"图案之外，更有"朱子家训"镌刻其上，把南宋理学家朱熹的治家思想奉为教诲子孙的圭臬，足见高氏家族的精神追求。踏入正门，一块上书"武魁"两个金色大字的牌

■ 继述堂

■ "武魁"牌匾

匾悬挂在横梁上方,十分醒目,上面还有"乾隆钦赐 一七六二年"字样。据嘉庆版《澄海县志》记载,乾隆壬午年(1762),上窖内高五房子孙高中(姓名)高中武举人,"武魁"牌匾应是为纪念高中而设。祠堂内还有一副楹联:"宗祖千秋长祀典,儿孙万古绍书馨。"堂上更有雕梁画栋,巧夺天工,高氏家族诗礼传家之家风可见一斑。

■ 朱子家训

■ 高氏宗祠正门

3. 高氏宗祠

高氏宗祠,堂号"继德堂",原为高氏标祖祠,始建于清代光绪年间,由高就富(高满华)倡导集资兴建,占地面积2000平方米,中

■ 继德堂

第二章　村落概貌 | 035

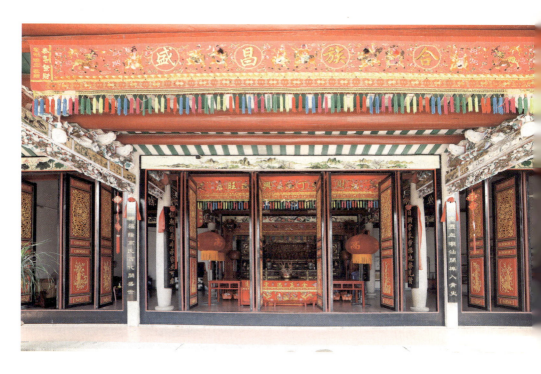

间正面为三门格局,中门两个石鼓立于两旁,两侧火巷,规模较大,气势不凡。

高氏宗祠门楼正面及两侧石雕,刻有家族《圣谕广训》:"尊祖故敬宗,敬宗故睦族,家之有宗族,犹水之有分派、木之有分枝……"足见高氏家族"以孝治家"的思想。"百善孝为先"是中华传统文化推崇的伦理观念,以孝治家的高氏家族人才辈出,涌现了高满华、高绳芝等优秀子孙。

高氏第17世祖高满华自幼胸怀大志,乘红头船至暹罗,经过艰苦创业,终成一代商界巨贾;高氏第19世祖高绳芝秉承祖训,胸怀家国,振兴民族工业,牵头建设汕头开埠工程,创办了汕头埠水、电、通信事业。他们的事迹在高氏宗祠正堂分别有"功德碑"记述,供后人瞻仰。

【附】高氏宗祠内碑记

碑 记

标祖祠始建于清光绪年间,经就富公倡导集资建成。后因诸多因素倒塌不堪。经华山祖众裔孙议定,集资修建,为华山祖祠,今后永作华山祖派下裔孙共同使用。

2003年冬立

■ 碑记

■ 功德碑

祠堂重修碑记

始祖世则，宋节渡使，辅宋南渡，赐第临安。遗子有四，长华峰、次华岩、三华山、四华岳，由漳浦入潮州，创居潮州府海阳县下外浦都华窖乡（今澄海区澄华街道下窖社区）。三房华山公曾孙五世祖务实公移居邻乡玉窖（今上窖社区）创业，距今已有七百多年历史。

我族素有慎祖追宗的优良传统。崇祯乙亥年（1635），庆我公捐赀首次倡议重修华窖高氏家庙。康熙辛卯年（1711），简章公再次倡议重修，维恒公首次修编大宗祠族谱。乾隆辛酉年（1741），子淳公第三次倡修家庙。光绪己亥年（1899），学修公第四次倡修大宗祠，并命振之公等共襄其事，第二次重修大宗祠族谱。这体现了我华山祖派的责任与担当。

楚香公在世时的心愿乃回家乡祖屋旁修祠敬祖。学能公、学修公谨记遗志，并于光绪庚子年（1900）倡建标祖祠，族人为之欣然。光绪癸卯年（1904）竣工，历时五年，祠貌美轮美奂，名噪一时。然岁月变迁，新中国成立后，移作上华农械厂使用，历经数十载风雨洗礼，黝垩漫漶，栋桷朽蚀，主座倒塌，几成危房。

族人为缅怀先祖，报德宗功。时值盛世，于2001年至2003年，历期3年，重修祖祠。2012年，树牌匾，立石鼓。2016年，营造神龛，吉日晋主，重塑祠貌，更名"高氏宗祠"。为志不忘，2022年9月初，修复祠堂前口埕，祠堂内修缮，勒石贞珉，是为之记。

2022年9月

先祖高满华功德碑

先祖高满华（1820—1882），第十七世祖，族名就富，又名廷楷，字宗实，号楚香，澄海上窖人。

满华公自幼纯朴聪颖，刻苦耐劳，胸怀大志，及冠别亲，乘红头船赴暹罗。初投同宗高元盛门下，以勤劳诚实、善于谋划深得倚重，遂辅经营商务。生意发展，积累资金，于1871年在暹罗创高元发及元发盛等三家机械火砻，为旅泰华侨之首。奋斗数十载，产业兴旺，涉及加工、航运、贸易等多领域，布局暹罗、日本、香港、新加坡、广州、汕头。

满华公热心公益事业,在羊城创"八邑会馆";在香港建东华医院;赈济救灾,热心教育,乐善好施。汕头开埠,满华公运筹,相继投入巨额侨资,贡献斐然。朝廷特诰授资政大夫,赏换花翎,奏叙即用知府,加五级等荣誉官衔。

满华公思念故土,嘱建泰国曼谷、澄海上窖高氏宗祠,旨在凝聚族人,归根认祖。功成名就,魂归故里,与蔡氏金氏合葬澄海下坑乡龙出冈之原。

噫兮,自满华公开创伟业,已百五十载,清末潮汕籍侨商巨擘,造福社稷,功昭后人,垂范千秋。

2022年初冬吉日立

先祖高学能功德碑

十八世学能公(1841—1909),字舜琴,号常瑛,楚香公嫡子。赐封栋选知县、加五级,诰授中宪大夫,晋封资政大夫,赏换花翎,任八旗官学教习。

学能公出身旅泰华侨家庭,自幼学习中文,清末光绪己亥年(1899),考中戊子科举人。长子绳芝公亦为举人,为澄海历史上为数不多的"父子举人"。

学能公聪慧达雅,卓尔不群,接受民主思想和科学精神,绝意仕途,重返泰国佐理父楚香公经营商务,成为高氏家族跨国产业第二代掌门。

学能公多才善贾,志向广大,眼光开阔,经营有方,开疆拓土,勇闯天涯,起步曼谷,开拓领域,创办多家商号。打理高元发行及元发盛行之日本、香港、新加坡、广州、汕头境外业务。

学能公志存高远,独当一面,东渡日本经商,主营泰米和潮汕棉布,几经辗转奋斗,成为日本有名的侨商。力推高氏家族生产潮汕纺织产品,组织海外贸易,为创建潮汕品牌居功至伟。

学能公潮汕好人杰,海外赤子心,德行感桑梓,品节昭后人。

2022年初冬吉日立

先祖高晖石功德碑

先祖高常璜（1874—1932），第十八世祖，名学修，号晖石。中秀才，清末附贡生。受民治维新运动影响，放弃科举仕途，南渡泰国经商，社会活动家。泰皇五世御封子爵，乃首位获泰国爵位华人。

晖石公精力充沛，学问渊博，视野开阔，思路敏捷，家族推举接替父兄，掌管高氏集团产业。晖石公运筹帷幄，经营灵活，管理有方，拓宽领域，在碾米、航运、贸易基础上创办矿山、橡胶园。布局曼谷、新加坡、东京、香港、广州、汕头，开家族铺号，办加工业，开拓高氏集团跨领域的跨国产业，乃高家产业全盛时期，号称"富甲潮州九县"。

晖石公对华侨社会贡献巨大，1910年发起创办泰国中华总商会，推任首届主席，蝉联6届。筹建潮州会馆，为众多泰国潮侨提供敦睦乡谊、互助互济基地。重视慈善和教育，联合侨胞创办曼谷天华医院、培英学校。至今培英学校仍悬挂高学修之肖像以志不忘。

1922年潮汕"八二"风灾，毁伤惨重，晖石公联络海外华侨，慷慨解囊，筹集巨款，赈济灾民。派人觐见泰皇，面奏潮汕灾情，泰皇深表同情，拨皇宫库银赈灾，朝野反响。灾后澄海疫病流行，牵头捐资，共建"澄海便生医院"。1923年日本关东大地震，晖石公及族人组团赴日，捐款30万银元，调运泰米赈救灾民。日本百姓感激涕零，尊称"高善人"。

晖石公心系桑梓，回馈家乡，巨额侨资投入汕头开埠建设，扶持侄儿高绳芝创办实业，功不可没。

先祖高绳芝功德碑

十九世祖绳芝公（1878—1913），号秉贞，以字行世。澄海上窖人，清光绪癸卯（1903）顺天恩科举人。历任潮汕商会会长，全潮民政财政长，同盟会员，著名的华侨实业家和社会活动家。

绳芝公为楚香公之嫡孙，秉承祖训，胸怀家国，志存高远，弃仕途，办实业。政治眼光远大，胸怀振兴民族工业雄心，秉承民主思想和科学精神，诚实守信，能力超群，思想开明，博取众长，吸引侨资，鼎力推进，业绩卓著。

汕头开埠重大工程中,牵头建设基础产业4项,参股支持十余项。推行现代化管理制度,集侨资内资股份建制,聘专职经理和技术人才,实施产权与经营权分离;引进英国蒸汽机和通讯设备、美国水泵、德国仪表、日本织布机械,乃汕头水电通讯铁路之民族基础产业奠基人;带动潮汕地方纺织产业,组织外销,创出潮汕品牌。

清末期间,外敌侵凌,内政腐朽,国家正值多事之秋,绳芝公秘密参加同盟会,全力支持孙中山推翻帝制、实行共和之主张。惠州起义密助2万银元;丁未黄冈起义负责后勤,又捐2万银元;辛亥革命军东征,捐军费10余万银元。1911年汕头光复,绳芝公寄托众望,被推举出任全潮民政财政长,带头反封建,剪辫子明志,轰动朝野。当时,潮汕地区混战军阀十之有三,争夺地盘,搜刮民财,绳芝公为保一方平安,抱病只身斡旋,疏财40万银元,百姓免遭涂炭,功德至伟。

绳芝公肩负海外侨胞报国嘱托,心系桑梓,不忘初衷,临终嘱咐接替者长子高伯昂:水电基础产业关系民生,赔钱也要维继!终因操劳过度,心力交瘁,病情加剧,不幸逝世,终年35岁。国民政府授予辛亥革命"着花红烈士"。1930年,鉴于绳芝公的卓著贡献,于汕头市中山公园建"绳芝亭",供世代缅怀。

2022年初冬吉日立

4. 姚氏宗祠

姚氏宗祠堂号"开祥堂",建于康熙五十三年(1714),占地面积600平方米,由第16世祖耀颖公带领兴建,为姚氏宗亲缅怀先德、敦睦乡谊的神圣殿堂。

宗祠的正门,一副"京都府尹家声远,皇封

■ 开祥堂

■ 姚氏宗祠正门

秋卿世德长"的鎏金对联，昭示着这个家族煊赫的渊源，从正堂一侧的碑记上可以了解到，在此开基创业一脉源自福建晋江，700多年来已历29代，子孙遍布海内外。

数百年来，姚氏宗祠历经磨难，日寇侵略时期曾被日军焚毁，1948年，由第22代子孙姚任国主持修建。1998年宗亲筹资重修，并举行晋主典礼，姚氏宗祠再焕光彩。祠堂内屋顶雕梁画栋，进门右侧墙壁上镶嵌着一块石碑，从乾隆年间保存至今，完好无损。

■ 雕梁画栋

■ "麒麟望日"照壁

　　最引人注目的是祠堂正门对面的照壁。该照壁长8米、高5米，上面用各色瓷片镶嵌成一只麒麟。麒麟脚踏祥云，疾步回首，仰望一轮红日，构成栩栩如生的"麒麟望日"画面。麒麟身形巨大、单足跪地，其余三足站立。两侧分别是松鹤和梅花鹿图案，寓意福禄寿。据了解，麒麟的站跪姿势是按族人官阶品位而定的，一般是一品跪三足、二品跪二足、三至五品跪一足。此照壁上单足跪地的麒麟，无疑是姚氏先祖达官显贵的象征。

■ 祖祠碑记

澄海城东门姚氏宗亲为上窖姚氏迁徙，乾隆年间建充之公祠堂，20世纪旧城改造，充之公祠堂被拆，祖祠石碑记被宗亲移到上窖姚氏宗祠。碑记如下：

儒林郎充之先府君祠堂记
（上面题下刻有两枚印章，印文为"晋江分流""玉窖留芳"）

敕赠儒林郎充之先府君祠堂记
岁丙申四月营

敕赠儒林郎充之先府君祠于邑城东麓里第之右，丁酉年二月竣事。祠之制为门四楹，为堂八楹，堂之前有拜亭，东西廊庑毕具，其廊庑之东西又各为堂者，二堂左右俱翼以两房，南北相比如节也，又西为书堂，左右亦翼。以两房书堂之前为厨舍，岁时致福焚烟所从出也。

计役斤削之工二千二百余，砖填之工三千两百余，锥凿髹漆之工一千六百余，费朱提一千七百元。有奇礼，庶人无庙，命士以上始有之。今之祠非即古之庙，然意则犹是也，则夫分得以建祠，力足以建祠者，其

建之焉可已哉。

吾姚氏世闽晋江人，其家潮也，宋朝奉大夫伯信公始。先是，伯信公之父子阳公，官统制，领兵镇潮，后致仕原籍。伯信公乐潮风土，乃卜居于潮之玉窖村。今龙田乡之祠，祀子阳公者也；玉窖村之祠，祀伯信公。

而二世以下，至刑部凤寅公俱祔入之者也，独见所居里，则未有祠。惟吾先府君慈孝忠厚，好学不倦，思高大其门闾，然终不得酬其愿而殁。遗子五人，成颖最幼，生四月，据遇失怙，及八龄，长兄声颖嗣亡医。吾先安人蓄租捋茶，辛勤朝夕，俭以治家，严以课子，盖父道子道，于母道统其全焉。由是，次兄浩颖劳心经营，肇启家业。四兄表颖引绪扩大宏其规模。而三兄首颖，则优游文艺，为庠序知名士，卒以明经需次外翰。独愧不肖成颖，幼颇知学，而年逾弱冠，即肇牵走四方，南游琼岛，北达吴门，风尘牢落，愿不得酬，荏苒至戊子岁。

而先安人老疾，捐馆舍。越四载，次兄三兄相继卒，又三载，四兄亦卒。

呜呼，鸟哺欲报以奚，从雁序欢之不再，此则抢地呼天，而百身莫赎者矣。回思诸兄在日，与陈姓承买宅边王家之地屋一围。乃居无几何，诸兄纷纷继逝。成思，礼曰：君子将营宫室宗庙为先，况以先府君、先安人之慈笃，而祠宇其可阙焉已乎。地连宅旁建，无容他求也。公存羡余费强半有出也，爰进诸侄辈而言曰：吾兄弟经营所余，尔曹亦稍可度日矣，惟祠之建，余职岂容诿耶。诸侄辈亦议定奋迅共襄是举，并与胞祖伯刑部启传公（士裘）派下，划换东畔从屋地一片合为度地，卜日鸠材庀工，凡三百十有五日，而后落成。

其殆与龙田、玉窖两祠相先后焉夫，在诗曰，以似以续，续古之人。又曰，以妥，以侑，以介，景福庶袭，休美妥神灵长蕃衍子孙乎。

成将求乡先生能文者为之记，侄辈环而请曰：辞之华不若以实，抑吾姚氏之所以承先启后者，乡先生知之，不若叔父知之真而切，指焉可以垂训也，而奚请与他人也。成唯之，因泫然流涕，强为援笔而书其概。

时乾隆四十二年岁在丁酉十月朔日之吉。

第五男成颖百拜谨记，孙男长房谦学、二房希学、三房统学、四房鸿学、五房受学同百湃立。

注：《澄海姚氏族谱》记载，秋官房第14世士裘公，子冀之，孙子颖。子颖公分二房，长房居东门，二房居玉窖。

充之公为15世，是士裘公侄儿。建祠堂者为成颖及侄儿辈长房谦学、二房希学、三房统学、四房鸿学、五房受学。

5. 林氏宗祠

林氏宗祠堂号"永思堂"，始建于乾隆二十年（1755），至今近270年。祠堂建筑面积400平方米，历经多次重修，光彩依旧。祠堂正门，一副对联——"莆田衍派，九牧世家"昭示着林氏家族的渊源。据林氏族谱记载，本宗初世祖系林氏九牧之六牧公之裔孙林居安，因官从闽入潮。《澄海县志》有载，清乾隆年间林氏后裔林子道得到朝廷待遇，回乡建造"四点金"大宅，历经沧桑岁月洗礼，至今完好。

■ 林氏宗祠

■ 永思堂

■ 林氏宗祠内景

林氏宗祠正门两侧石刻，镌刻着"祖训族范"作为子孙后代的行为规范："父慈子孝，兄友弟恭，夫正妇顺，内外有别……"与中华传统文化和儒家思想一脉相承；而不论是雕梁

■ 祖训族范

画栋上的图腾,还是嵌瓷上的花样,也都是传统文化的有形体现,无不对子孙后代具有强烈的教化作用。

2012年重修上窑林氏永思堂的碑记记载:

永思宗祠,厚德延枝。九牧沛下,慎终追远。先祖振愚,修建清代。乾隆廿年,落成开光;尊祀列祖,礼祭溯源;宗光丁旺,衍脉枝繁。

■ 永思堂碑记

昭穆肃然，族群宁安，时光如梭，悠忽九秩，风雨侵蚀，人为造成，貌损颜旧，观瞻逊色。众呼修葺，合族老少，热烈响应；欣逢盛世，民丰物阜；吾族兴盛，人财俱旺；俊彦蔚出，贤达大方，题名出资。出阁之女，闻之皆欢，前来乐捐，真善真美。合族内外，全心全意，踊跃奉献，众推理事，主持谋方；全程策划，延师择吉，寻师募匠。新春兴工，精修细作，更饰新颜，髹梁漆栋，溢彩流光，中秋竣工，再焕辉煌；择吉庆典，缅怀先祖，承先启后，感恩祖德，植主祭祀。众志成城，宗祠焕光。睦和乡亲，团结族邻，祖德流芳，仁义礼信，和谐相处，挚诚感动，邻族乐捐，锦上添花，襄吾荣光，和为金贵。处事圭臬，惟善惟德，传世美谈，昂致谢忱，共荣畅欢。有容乃大，列祖列宗，佑我全族，内外平安，日益昌盛。紫气东来，合境沐光，葺事完成，幸甚至哉。表彰奉献，镌石流芳。

林氏另一宗祠位于黄氏宗祠隔壁，因年代久远，目前没有作为祠堂使用。

【附】上窑社区道路（街巷）标准地名

序号	现名称	审定标准名称	命名含义	起止地点
1	长发路东园一横巷	长发路东园一横巷	因该巷位于长发东园片区，且是长发东园片区内沿着长发路东园一巷由东向西排列的第一条巷子，故名	南起上窑长发路，北止一八排渠
2	长发路东园二横巷	长发路东园二横巷	因该巷位于长发东园片区，且是长发东园片区内沿着长发路东园一巷由东向西排列的第二条巷子，故名	南起上窑长发路，北止一八排渠
3	长发路东园三横巷	长发路东园三横巷	因该巷位于长发东园片区，且是长发东园片区内沿着长发路东园一巷由东向西排列的第三条巷子，故名	南起长发路东园一巷，北止一八排渠
4	长发路东园四横巷	长发路东园四横巷	因该巷位于长发东园片区，且是长发东园片区内沿着长发路东园一巷由东向西排列的第四条巷子，故名	南起长发路东园一巷，北止一八排渠
5	长发路东园五横巷	长发路东园五横巷	因该巷位于长发东园片区，且是长发东园片区内沿着长发路东园一巷由东向西排列的第五条巷子，故名	南起长发路东园一巷，北止一八排渠
6	长发路东园六横巷	长发路东园六横巷	因该巷位于长发东园片区，且是长发东园片区内沿着长发路东园一巷由东向西排列的第六条巷子，故名	南起长发路东园一巷，北止一八排渠
7	长发路东园七横巷	长发路东园七横巷	因该巷位于长发东园片区，且是长发东园片区内沿着长发路东园一巷由东向西排列的第七条巷子，故名	南起上窑长发路，北止一八排渠
8	长发路东园一巷	长发路东园一巷	因该巷位于上窑长发路北边，且是长发东园片区内的一条巷子，故名	西起长发路东园七横巷，东止长发东园居民区东侧
9	长发路西园一巷	长发路西园一巷	因该巷位于上窑长发路北边，且是长发西园片区内的一条巷子，故名	东起天旺路十巷，西止兴华路
10	华佳路	华佳路	因道路起点为澄华路，且在新佳东园工业区内，故名	南起澄华路，北止华祥路
11	华亭路	华亭路	因该路原规划从澄华路通往玉亭路，分别取自澄华路中的"华"与玉亭路中的"亭"，故名	南起澄华路，北止新佳东园工业区北侧
12	华祥路	华祥路	因寄寓繁华吉祥之意，故名	西北起文华南路，东南止沈海高速旁

续表

序号	现名称	审定标准名称	命名含义	起止地点
13	海棠园一巷	海棠园一巷	因该巷是海棠园居民区内由南向北的第一条巷子，故名	西起玉窖路，东止海棠园居民区
14	海棠园二巷	海棠园二巷	因该巷是海棠园居民区内由南向北的第二条巷子，故名	西起玉窖路，东止海棠园居民区
15	海棠园三巷	海棠园三巷	因该巷是海棠园居民区内由南向北的第三条巷子，故名	西起玉窖路，东止兴业园二路
16	海棠园四巷	海棠园四巷	因该巷是海棠园居民区内由南向北的第四条巷子，故名	西起玉窖路，东止兴业园二路
17	海棠园五巷	海棠园五巷	因该巷是海棠园居民区内由南向北的第五条巷子，故名	西起玉窖路，东止兴业园二路
18	海棠园六巷	海棠园六巷	因该巷是海棠园居民区内由南向北的第六条巷子，故名	西起玉窖路，东止兴业园二路
19	金菊园一巷	金菊园一巷	因该巷是金菊园居民区内由西向东的第一条巷子，故名	南起兴业园东二横巷，北止上窖永兴路
20	金菊园二巷	金菊园二巷	因该巷是金菊园居民区内由西向东的第二条巷子，故名	南起兴业园东二横巷，北止上窖永兴路
21	金菊园三巷	金菊园三巷	因该巷是金菊园居民区内由西向东的第三条巷子，故名	南起兴业园东二横巷，北止上窖永兴路
22	金菊园四巷	金菊园四巷	因该巷是金菊园居民区内由西向东的第四条巷子，故名	南起兴业园东二横巷，北止上窖永兴路
23	茉莉园一横巷	茉莉园一横巷	因该巷位于茉莉园片区内，是茉莉园片区的主要巷子，故名	南起上窖芝兰园二巷，北止上窖永兴路
24	水仙园一巷	水仙园一巷	因该巷是水仙园居民区内由北向南的第一条巷子，故名	东起水仙园居民区，西止水仙园居民区
25	水仙园二巷	水仙园二巷	因该巷是水仙园居民区内由北向南的第二条巷子，故名	东起水仙园居民区，西止水仙园居民区
26	水仙园三巷	水仙园三巷	因该巷是水仙园居民区内由北向南的第三条巷子，故名	东起水仙园居民区，西止水仙园居民区

续表

序号	现名称	审定标准名称	命名含义	起止地点
27	庵巷路	上窖庵巷	因此巷位于上窖社区，原通往老庵庙（在日军侵华时被烧毁），故名	北起上窖永兴路，南止蓬江西路
28	上窖长发路	上窖长发路	因寄寓长久发展之意，且位于上窖社区，故名	东起竹下桥路，西止兴华路
29	永兴路	上窖永兴路	该道路寓意上窖社区永远兴旺，故名	东起兴业园一路，西止兴华路
30	玉兰园一巷	上窖玉兰园一巷	因该巷位于上窖玉兰园居民区，且是该居民区内由西向东的第一条巷子，故名	南起上窖永兴路，北止上窖玉兰园居民区
31	玉兰园二巷	上窖玉兰园二巷	因该巷位于上窖玉兰园居民区，且是该居民区内由西向东的第二条巷子，故名	南起上窖永兴路，北止天旺路
32	玉兰园三巷	上窖玉兰园三巷	因该巷位于上窖玉兰园居民区，且是该居民区内由西向东的第三条巷子，故名	南起上窖永兴路，北止天旺路
33	玉兰园四巷	上窖玉兰园四巷	因该巷位于上窖玉兰园居民区，且是该居民区内由西向东的第四条巷子，故名	南起上窖永兴路，北止天旺路
34	玉兰园五巷	上窖玉兰园五巷	因该巷位于上窖玉兰园居民区，且是该居民区内由西向东的第五条巷子，故名	南起上窖永兴路，北止天旺路
35	玉兰园六巷	上窖玉兰园六巷	因该巷位于上窖玉兰园居民区，且是该居民区内由西向东的第六条巷子，故名	南起上窖永兴路，北止天旺路
36	上窖卓厝巷	上窖卓厝巷	该巷位于上窖社区，因周围原居住的村民都是卓姓，故名	南起上窖永兴路，北止天旺路
37	芝兰园一巷	上窖芝兰园一巷	因该巷位于上窖芝兰园居民区，且是该居民区内由西向东的第一条巷子，故名	西起上窖芝兰园居民区，东止上窖芝兰园居民区
38	芝兰园二巷	上窖芝兰园二巷	因该巷位于上窖芝兰园居民区，且是该居民区内由西向东的第二条巷子，故名	西起茉莉园一横巷，东止上窖芝兰园居民区
39	芝兰园三巷	上窖芝兰园三巷	因该巷位于上窖芝兰园居民区，且是该居民区内由西向东的第三条巷子，故名	西起茉莉园一横巷，东止上窖芝兰园居民区

续表

序号	现名称	审定标准名称	命名含义	起止地点
40	芝兰园四巷	上窑芝兰园四巷	因该巷位于上窑芝兰园居民区,且是该居民区内由西向东的第四条巷子,故名	西起茉莉园一横巷,东止上窑芝兰园居民区
41	天旺路	天旺路	该地原有一天旺宫,后村民将该片区命名为天旺园,因该路为天旺园居民区的主要道路,故名	东起竹下桥路,西止兴华路
42	天旺路二巷	天旺路二巷	因该巷位于天旺路旁,且是天旺园居民区内由西向东的第二条巷子,故名	南起天旺路,北止上窑长发路
43	天旺路三巷	天旺路三巷	因该巷位于天旺路旁,且是天旺园居民区内由西向东的第三条巷子,故名	南起天旺路,北止上窑长发路
44	天旺路四巷	天旺路四巷	因该巷位于天旺路旁,且是天旺园居民区内由西向东的第四条巷子,故名	南起天旺路,北止上窑长发路
45	天旺路五巷	天旺路五巷	因该巷位于天旺路旁,且是天旺园居民区内由西向东的第五条巷子,故名	南起天旺路,北止上窑长发路
46	天旺路六巷	天旺路六巷	因该巷位于天旺路旁,且是天旺园居民区内由西向东的第六条巷子,故名	南起天旺路,北止上窑长发路
47	天旺路七巷	天旺路七巷	因该巷位于天旺路旁,且是天旺园居民区内由西向东的第七条巷子,故名	南起天旺路,北止上窑长发路
48	天旺路八巷	天旺路八巷	因该巷位于天旺路旁,且是天旺园居民区内由西向东的第八条巷子,故名	南起天旺路,北止天旺园居民区
49	天旺路九巷	天旺路九巷	因该巷位于天旺路旁,且是天旺园居民区内由西向东的第九条巷子,故名	南起天旺路,北止上窑长发路
50	天旺路十巷	天旺路十巷	因该巷位于天旺路旁,且是天旺园居民区内由西向东的第十条巷子,故名	南起天旺路,北止一八排渠
51	天旺路十一巷	天旺路十一巷	因该巷位于天旺路旁,且是天旺园居民区内由西向东的第十一条巷子,故名	南起天旺路,北止上窑长发路

续表

序号	现名称	审定标准名称	命名含义	起止地点
52	天旺路十二巷	天旺路十二巷	因该巷位于天旺路旁,且是天旺园居民区内由西向东的第十二条巷子,故名	南起天旺路,北止上窑长发路
53	天旺路十三巷	天旺路十三巷	因该巷位于天旺路旁,且是天旺园居民区内由西向东的第十三条巷子,故名	南起天旺路,北止上窑长发路
54	天旺路十四巷	天旺路十四巷	因该巷位于天旺路旁,且是天旺园居民区内由西向东的第十四条巷子,故名	北起上窑长发路,南止天旺园居民区
55	天旺路十五巷	天旺路十五巷	因该巷位于天旺路旁,且是天旺园居民区内由西向东的第十五条巷子,故名	南起天旺路,北止上窑长发路
56	天旺路十六巷	天旺路十六巷	因该巷位于天旺路旁,且是天旺园居民区内由西向东的第十六条巷子,故名	南起天旺路,北止上窑长发路
57	天旺路十七巷	天旺路十七巷	因该巷位于天旺路旁,且是天旺园居民区内由西向东的第十七条巷子,故名	南起天旺路,北止上窑长发路
58	天旺路十八巷	天旺路十八巷	因该巷位于天旺路旁,且是天旺园居民区内由西向东的第十八条巷子,故名	南起天旺路,北止上窑长发路
59	天旺路十九巷	天旺路十九巷	因该巷位于天旺路旁,且是天旺园居民区内由西向东的第十九条巷子,故名	南起天旺路,北止上窑长发路
60	天旺路二十巷	天旺路二十巷	因该巷位于天旺路旁,且是天旺园居民区内由西向东的第二十条巷子,故名	南起天旺路,北止上窑长发路
61	兴业路西一横巷	兴业路西一横巷	因该巷位于玉窖路(原兴业路)的西侧,且是由南向北排列的第一条巷子,故名	东起玉窖路,西止上窑庵巷
62	兴业路西二横巷	兴业路西二横巷	因该巷位于玉窖路(原兴业路)的西侧,且是由南向北排列的第二条巷子,故名	东起玉窖路,西止上窑庵巷
63	兴业路西三横巷	兴业路西三横巷	因该巷位于玉窖路(原兴业路)的西侧,且是由南向北排列的第三条巷子,故名	东起玉窖路,西止姚屠围路

续表

序号	现名称	审定标准名称	命名含义	起止地点
64	兴业路西四横巷	兴业路西四横巷	因该巷位于玉窖路（原兴业路）的西侧，且是由南向北排列的第四条巷子，故名	东起玉窖路，西止姚厔围路
65	兴业园一路	兴业园一路	因该路位于兴业园居民区，且是片区内由东向西排列的第一条主要道路，故名	南起蓬江西路，北止澄华路
66	兴业园一路一巷	兴业园一路一巷	因该路位于兴业园居民区，且是沿着兴业一路由南向北排列的第一条巷子，故名	西起兴业园一路，东止沙园居民区
67	兴业园一路二巷	兴业园一路二巷	因该路位于兴业园居民区，且是沿着兴业一路由南向北排列的第二条巷子，故名	西起兴业园一路，东止沙园居民区
68	兴业园一路三巷	兴业园一路三巷	因该路位于兴业园居民区，且是沿着兴业一路由南向北排列的第三条巷子，故名	西起兴业园一路，东止沙园居民区
69	兴业园一路四巷	兴业园一路四巷	因该路位于兴业园居民区，且是沿着兴业一路由南向北排列的第四条巷子，故名	西起兴业园一路，东止沙园居民区
70	兴业园一路五巷	兴业园一路五巷	因该路位于兴业园居民区，且是沿着兴业一路由南向北排列的第五条巷子，故名	西起兴业园一路，东止沙园居民区
71	兴业园二路	兴业园二路	因该路位于兴业园居民区，且是片区内由东向西排列的第二条主要道路，故名	南起上窖永兴路，北止一八排渠
72	兴业园二路一横巷	兴业园二路一横巷	因该路位于兴业园居民区，且是兴业园二路向南延伸的一条巷子，故名	南起兴业园东二横巷，北止上窖永兴路
73	兴业园二路一巷	兴业园二路一巷	因该路位于兴业园居民区，且是沿着兴业二路由南向北排列的第一条巷子，故名	东起兴业园一路，西止兴业园二路
74	兴业园二路二巷	兴业园二路二巷	因该路位于兴业园居民区，且是沿着兴业二路由南向北排列的第二条巷子，故名	东起兴业园一路，西止兴业园二路
75	兴业园二路三巷	兴业园二路三巷	因该路位于兴业园居民区，且是沿着兴业二路由南向北排列的第三条巷子，故名	东起兴业园一路，西止兴业园二路

续表

序号	现名称	审定标准名称	命名含义	起止地点
76	兴业园东一横巷	兴业园东一横巷	因该巷通往兴业园居民区，且是沿着玉窖路（原兴业路）东侧由南向北排列的第一条巷子，故名	西起玉窖路，东止兴业园居民区
77	兴业园东二横巷	兴业园东二横巷	因该巷通往兴业园居民区，且是沿着玉窖路（原兴业路）东侧由南向北排列的第二条巷子，故名	西起玉窖路，东止兴业园居民区
78	新佳东园一路	新佳东园一路	因该路位于新佳东园工业区，且是工业区内由东向西排列的第一条大路，故名	南起澄华路，北止华祥路
79	新佳东园二路	新佳东园二路	因该路位于新佳东园工业区，且是工业区内由东向西排列的第二条大路，故名	南起澄华路，北止华祥路
80	新佳东园三路	新佳东园三路	因该路位于新佳东园工业区，且是工业区内由东向西排列的第三条大路，故名	南起澄华路，北止华祥路
81	新佳东园四路	新佳东园四路	因该路位于新佳东园工业区，且是工业区内由东向西排列的第四条大路，故名	南起澄华路，北止华祥路
82	新佳东园五路	新佳东园五路	因该路位于新佳东园工业区，且是工业区内由东向西排列的第五条大路，故名	南起澄华路，北止华祥路
83	新佳东园六路	新佳东园六路	因该路位于新佳东园工业区，且是工业区内由东向西排列的第六条大路，故名	南起澄华路，北止华祥路
84	新佳东园七路	新佳东园七路	因该路位于新佳东园工业区，且是工业区内由东向西排列的第七条大路，故名	南起澄华路，北止华祥路
85	新佳东园三巷	新佳东园三巷	因该路位于新佳东园工业区，且是工业区内由东向西排列的第三条小巷，故名	南起澄华路，北止华祥路
86	新佳东园四巷	新佳东园四巷	因该路位于新佳东园工业区，且是工业区内由东向西排列的第四条小巷，故名	南起澄华路，北止华祥路
87	新佳东园五巷	新佳东园五巷	因该路位于新佳东园工业区，且是工业区内由东向西排列的第五条小巷，故名	南起澄华路，北止华祥路

续表

序号	现名称	审定标准名称	命名含义	起止地点
88	新佳东园六巷	新佳东园六巷	因该路位于新佳东园工业区，且是工业区内由东向西排列的第六条小巷，故名	南起澄华路，北止华祥路
89	新佳东园七巷	新佳东园七巷	因该路位于新佳东园工业区，且是工业区内由东向西排列的第七条小巷，故名	南起澄华路，北止华祥路
90	月季园一巷	月季园一巷	因该巷是月季园居民区内由东向西按顺序排列的第一条巷子，故名	南起兴业路西二横巷，北止上窖永兴路
91	月季园二巷	月季园二巷	因该巷是月季园居民区内由东向西按顺序排列的第二条巷子，故名	南起兴业路西二横巷，北止上窖永兴路
92	月季园三巷	月季园三巷	因该巷是月季园居民区内由东向西按顺序排列的第三条巷子，故名	南起兴业路西二横巷，北止姚厝池
93	月季园四巷	月季园四巷	因该巷是月季园居民区内由东向西按顺序排列的第四条巷子，故名	南起兴业路西二横巷，北止姚厝池
94	月季园五巷	月季园五巷	因该巷是月季园居民区内由东向西按顺序排列的第五条巷子，故名	南起兴业路西二横巷，北止姚厝池
95	月季园六巷	月季园六巷	因该巷是月季园居民区内由东向西按顺序排列的第六条巷子，故名	南起兴业路西二横巷，北止姚厝池
96	姚厝围路	姚厝围路	因该地附近原住有姚氏村民，且该路在姚厝围墙外，故名	北起竹下桥路，南止上窖永兴路
97	竹下桥路	竹下桥路	因该处架设桥梁通往耕地，且桥的旁边种有一排竹，故名	南起姚厝围路，北止澄华路
98	上窖月英园一巷	上窖月英园一巷	该巷位于上窖社区月英园居民区，且是该居民区内由西向东的第一条巷子，故名	北起兴业园东一横巷，南止月英园居民区
99	上窖月英园二巷	上窖月英园二巷	该巷位于上窖社区月英园居民区，且是该居民区内由西向东的第二条巷子，故名	北起兴业园东一横巷，南止月英园居民区

续表

序号	现名称	审定标准名称	命名含义	起止地点
100	上窑月英园三巷	上窑月英园三巷	该巷位于上窑社区月英园居民区，且是该居民区内由西向东的第三条巷子，故名	北起兴业园东一横巷，南止月英园居民区
101	上窑月英园四巷	上窑月英园四巷	该巷位于上窑社区月英园居民区，且是该居民区内由西向东的第四条巷子，故名	北起兴业园东一横巷，南止月英园居民区
102	上窑月英园五巷	上窑月英园五巷	该巷位于上窑社区月英园居民区，且是该居民区内由西向东的第五条巷子，故名	北起兴业园东一横巷，南止月英园居民区
103	上窑牡丹园一巷	上窑牡丹园一巷	该巷位于上窑社区牡丹园居民区，且是该居民区内由西向东的第一条巷子，故名	北起兴业路西一横巷，南止牡丹园居民区
104	上窑牡丹园二巷	上窑牡丹园二巷	该巷位于上窑社区牡丹园居民区，且是该居民区内由西向东的第二条巷子，故名	北起兴业路西一横巷，南止牡丹园居民区
105	上窑牡丹园三巷	上窑牡丹园三巷	该巷位于上窑社区牡丹园居民区，且是该居民区内由西向东的第三条巷子，故名	北起兴业路西一横巷，南止牡丹园居民区
106	上窑牡丹园四巷	上窑牡丹园四巷	该巷位于上窑社区牡丹园居民区，且是该居民区内由西向东的第四条巷子，故名	北起兴业路西一横巷，南止牡丹园居民区
107	上窑牡丹园五巷	上窑牡丹园五巷	该巷位于上窑社区牡丹园居民区，且是该居民区内由西向东的第五条巷子，故名	北起兴业路西一横巷，南止牡丹园居民区
108	上窑牡丹园六巷	上窑牡丹园六巷	该巷位于上窑社区牡丹园居民区，且是该居民区内由西向东的第六条巷子，故名	北起兴业路西一横巷，南止牡丹园居民区
109	上窑牡丹园七巷	上窑牡丹园七巷	该巷位于上窑社区牡丹园居民区，且是该居民区内由西向东的第七条巷子，故名	北起兴业路西一横巷，南止牡丹园居民区

上窑村志

第三章 古渡口

乾隆版《澄海县志·官渡》记载，玉窖渡距城西南十里，达大牙渡。清乾隆《澄海县志》记载，玉窖渡据县城西南十里，达大牙渡。清嘉庆《澄海县志》记载："玉窖渡据城西南十里，达大牙渡。"

"大牙"与"大衙"为同一村落的不同写法。现在，渡口仍存明代古碑一块。[1]

■ 《澄海县志》中有关玉窖渡的记载

在韩江尚未通桥的年代，上窖渡是沟通两岸的重要通道。时至今天，仍有一艘渡船穿梭在两岸之间，延续着近400年的渡船历史。

传说上窖姚氏第14世祖姚士裘，崇祯六年（1633）中举人，官至刑部主事。其夫人为龙湖区渔洲人，属官宦人家。出嫁时，她的家人便把一艘能容纳二三十人的渡船作为嫁妆，以方便女儿时常回娘家。同时，向官府申请牌照，上窖私渡由此而来。

---

[1] 清嘉庆《澄海县志》第114页，澄海县县志编纂委员会办公室1986年12月编印。

第三章 古渡口 | 061

渡口故事之一 百年渡口曾是"红色通道"

上窖村的渡口已有近400年历史，在新中国成立前曾是一条鲜为人知的"红色通道"，运送了一名又一名的地下工作者。

位于韩江下游北岸的上窖渡口是连通汕头、澄海、庵埠的交通要道。

据已是古稀老人的上窖村民黄成根、黄两壮、高永凯、吴潮坤等人介绍，在韩江尚未通桥并且陆路交通不发达的年代，该渡口因地理位置重要，历来为兵家所看重。日军入侵汕头时期，在该渡口前搭建了哨棚，一方面向过渡者收取路费，一方面检查过往行人，缉拿抗日积极分子。解放战争期间，国民党反动派的密侦（特务）更是长驻渡口，盘查过往行人，捉拿地下党人。

当年，年轻的黄成根是一名渡工，载运过不少革命党人。这位红色通道的见证者在堤岸上指着一块已埋入沙土的石碑告诉记者，当时渡口就在这个位置，周围是成片的果林。随着黄伯的缓缓述说，时光倒转到50多年前战火纷飞的年代……

据黄伯介绍，当时他二十四五岁。一天晚上，他逢轮休正在家中歇息。突然有乡民敲门称渡口那边有人找他。"这么晚了，究竟是谁呢？"黄成根嘀咕了一声，但仍是抄起手电筒走出家门。在堤坡上，他看见一个男子蹲在地上，头上还戴着一顶灰色帽子，帽檐几乎掩住了大半个脸庞。黄伯称因不知是谁找他，便扬声喊了句："是谁找我呢？"蹲在地上的男子应声答道："老朋友，这边来。"听到对方称他为老朋友，但语音却十分陌生，加上天色已黑，对方又戴着帽子看不清容貌，黄伯便摘下腰中手电筒拧亮后便要朝他照去。"不要照，不要照。我是'官埭纪'。"那男子见状马上出言制止了黄成根的举动。此时，早就获悉地下党员常在该村片区活动的黄成根也隐约知道了对方的身份。

果然，当黄成根走近，该男子便直截了当地告诉他，他是"老八"，在向黄成根宣讲有关共产党为穷苦老百姓撑腰的政策后，也提到今后共产党人因革命工作需要经过此渡口,希望黄成根能积极配合。过后不久,一些年轻的陌生面孔便成了渡船的常客。瞧着他们的机警神色,黄成根也猜到了这些乘客的特殊身份。据称,有时革命党人要连夜搭渡过岸传送情报,黄成根不管刮风下雨,总是驾船载运。在"官埭纪"联系黄成根秘密搭建了红色通道后不久,老黄还机警地搭救过他。

据黄成根称,当时他在岸边候客,一男子步履匆匆地上了船,称有急事要办,让他快点开船。"咦,这声音怎么这么熟?"黄成根不禁打量了该男子几眼,认出他正是当夜称他为"老朋友"的"官埭纪"。黄成根急忙上前告诉他,对岸那边密侦以及大批国民党兵正在搜捕"老八"。"官埭纪"听完随即扮成渡工,留在黄成根的船上隐蔽起来,等到对岸敌人撤走后他才上岸执行任务。

黄伯介绍,他当渡工前后也就六七年时间,新中国成立后他就改了行。在这六七年渡运工作中,他搭载过不少共产党人,其中最惊险的一次莫过于巧妙搭救地下党人许坤炎。

黄伯称,当时国民党反动派已察觉到地下党人在该渡口过渡频繁活动,于是密侦们也在渡口旁设立岗哨。有一次,地下党人许坤炎来搭渡,当时渡轮已划至江中,眼尖的黄成根看到许坤炎在堤岸上张望。

"当时我的心提到了嗓子口,因为数名密侦正在岗哨中喝茶,并对过往可疑乘客予以盘查。如果许坤炎在岸边等候时间稍长,势必引起敌人注意。"危急关头,黄成根抢过同伴的船桨,掉转船头发力划桨,将渡轮划转回去。当时渡船上的其他乘客纷纷叫喊起来,黄伯便大声告诉众人,"那乘客是个远行客,急着过河。"大家也就不再言语了。船抵岸边,许坤炎马上跳上船来,就在船将离码头时,岗哨上两名密侦骤然起身朝渡船走来,扬手示意停船。刹那间,黄成根急得满头大汗,他也注意到许坤炎一脸凛然,右手已按到了鼓鼓囊囊的后腰部。

黄伯称,那两名密侦原来是瞧中了渡船上两名穿着旗袍的妇女,上船后就径自走到她们身边打闹调戏。而高度警惕的许坤炎没有像平时一样进入船舱,而是蹲在甲板上,一边嚼着一条草根,一边用眼角余光注视着两名密侦。黄成根也意识到了什么,他拼尽全力划桨,以尽快将许坤炎送到对岸，因为万一两名密侦突然在舱中盘查乘客，后果将不堪设想。

　　黄伯回忆，那段15分钟的航程是他人生记忆中最为长久的一次，好不容易摇到对岸，见到许坤炎脱险上岸，黄伯才松了一口气。之后，许坤炎过渡时遇到黄成根，对他的巧妙搭救表示谢意，也谈到他当时已子弹上膛，做好了战斗准备，幸好化险为夷。后来，黄成根机智掩护地下党员许坤炎渡河的经过成为一段佳话，至今在上窖村流传。

　　许坤炎妻兄、时任澄海县冠华乡乡长的林潮春是上窖人，他利用自己的关系和影响力，保护渡口安全，使一批又一批地下党人安全转移。另据上窖村村民黄两壮称，在1947年期间，上窖渡口的19艘大小渡船还护送过大批革命军，使他们顺利上了凤凰山。

　　（原载2005年9月12日《汕头都市报》，文/姚望新、林子海、林鹏、袁绚琳、张益弘）

渡口故事之二　　古老渡口见证日军烧杀罪证

澄海区澄华街道上窑村渡口，位于韩江下游北岸，东距澄海城仅5公里，在韩江尚未通桥年代，这里是沟通两岸的重要通道。时至今天，仍有一艘渡船，穿梭在两岸之间，延续数百年的渡船历史。

这个古老渡口曾遭日军侵略者践踏，13名无辜群众惨遭日军屠杀，其中一名因脖子未被砍断，幸免一死。上了年纪的上窑村民对这场惨剧仍记忆犹新，对日军暴行无不咬牙切齿。

1939年农历五月初五，日军侵略者借助汉奸的地图指引，从海上沿新津河登陆庵埠梅溪，进而攻陷汕头。消息传至澄海，人心惶惶，当时的县政府及各机关先行撤至莲下程洋冈村，县长卞程珊及地方防卫队大队长李少如暂住县城。

初九，也就是梅溪被攻陷的第5天，日军开始进犯澄海。他们由梅溪乘橡皮艇攻打与上窑相邻的乡村冠山，而后沿冠山堤围直进渡头村，占领该村堤顶碉楼。于是，日寇又控制了韩江又一重要据点，并与梅溪形成犄角之势。

农历五月十三日下午，有恃无恐的日军百余人进入冠山，再由冠山进攻澄海县城，大肆淫掠。

五月十九和廿七日，日军从上窑渡口上岸，两度进犯澄海县城。这两次均遭到地方武装力量和民众的顽强抵抗，但也引起日军疯狂报复。

1939年农历五月三十日，是澄海沦陷期间最为惨痛日子，日军为报前两次遭袭之仇，集结300多人分兵两路进犯澄城，一路由外河畔登陆，杀向澄城，一路则由上窑渡口上岸。

据村里老人黄两壮介绍，日军从上窑上岸后一路烧杀掳掠，扑向澄城。当时，上窑村民听闻日军来到，惊恐万分，绝大多数人离家避祸。村民扶老携幼，涉水过溪，一路哭声震天。

日军入村后恣意纵火，数十间民房和一座祠堂付诸一炬。晚清秀才

■ 上窑渡

高振之因年纪较大，没有随村民逃难。他在家门口被日寇连刺3刀，当场倒在血泊之中。高振之是潮汕著名画家，尤以画鹌鹑和竹闻名。当地传说，高振之以价画鹌鹑，2个银圆画一只，7个银圆只能画3只半。时至今天，其作品仍备受藏家推崇。高振之被刺后，没多久便因伤势严重终告不治。

日军攻入澄城后，烧杀掳掠，无恶不作，被捕杀群众多达700余人。

六月初二日，日军从澄城撤出。当天，数十名日军押着十多名从澄城掳掠的挑夫，从原路折回上窑渡口。中午，在渡口就地生火做饭。70多岁的上窑村民高旭平回忆说，日寇饭饱酒足之后，便拿挑夫开涮。他们问挑夫谁是澄城人，然后将澄城的拉到一边，用绳子绑起来，共13人。

这些杀人不眨眼的刽子手，面对手无寸铁的无辜村民大开杀戒，一人一刀，顷刻便有12颗人头落地。而第13人不知道是因刀刃不利还是刽子手急于登船撤离，幸运地活了下来。

幸运者叫林再顺，澄城岭亭人，当年仅十七八岁，个子较矮，在澄城被抓去当挑夫。日寇走后，当地村民阿谦和上窖庵和尚出来收尸，菜园里血流成河，惨不忍睹。他们发现林再顺尚能发出微弱声音。于是，将林再顺移至附近庵内。林再顺已不能说话，他示意用笔谈。和尚从寺里拿来纸笔，林再顺写自己村庄和家人的名字，上窖村民设法通知林再顺的家人。

后来，林再顺被秘密转移至龙田乡一农家医治，终于保住性命。据悉，林再顺一家在此日军浩劫中，另有伯父、兄弟4人被杀。

被杀的12人中，属岭亭籍的有林涛、蔡钿、蔡澄弟3人，其余大多名字不可考。被杀者尸体被上窖村民合葬在村外草埔上。

澄城港口乡民郑宽裕在澄城打铁街开饼食店，日寇血洗澄城时，郑逃避不及被抓起来当挑夫。郑宽裕跪地哀求说，父母年老，儿女尚幼，苦求日军释放。但日军根本不听其诉说，反而拳打脚踢，并一路边拉边打来到上窖渡口。随后，郑宽裕连同其他同胞被一并杀害。

次日，郑妻及子不知其然，听传言有一队日军从外砂河撤退时，把俘为挑夫的40多名群众全部杀害。郑妻以为郑宽裕就在其中被害，赶到河滩认尸，却寻不到郑宽裕的踪迹，郑氏一家茫然无措。

第三天，听说上窖渡口又杀了一批人，于是，郑家母子俩又赶往上窖，但12具尸体已被上窖村民掩埋。母子俩听目击者介绍，确信郑宽裕已于3天前被害，尸体与其他同胞埋在一起。国仇家恨在郑家播下复仇种子，次年，郑宽裕儿子郑达三挥泪告别家人，毅然踏上抗日征途。日寇制造的惨案尽管已过去，渡口也早已恢复宁静，但见证当年惨剧的上窖村民却永远忘不了这段历史事件。他们代代相传，以侵略者的暴行教育后人。

（原载2005年8月2日《汕头都市报》，文/姚望新、袁绚琳）

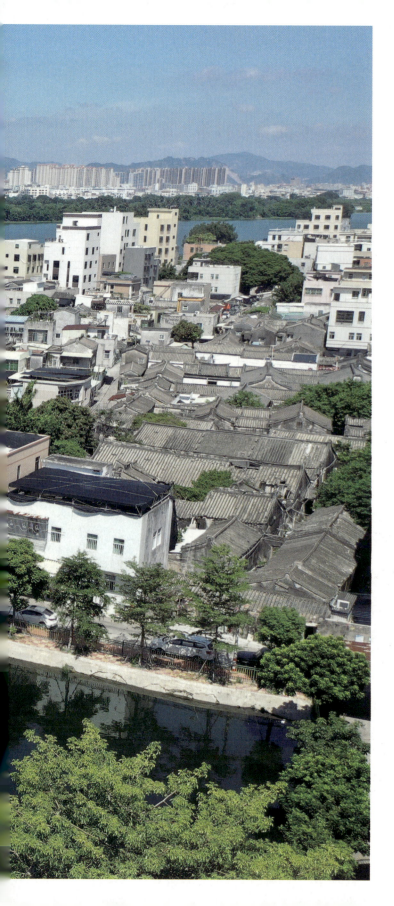

第四章 美丽乡村建设

上窑村志

上窖荣获"广东省古村落"称号

2021年1月25日,广东省文联、广东省民间文艺家协会发布了《关于公布第七批广东省古村落名单的通知》,公布了入选第七批广东省古村落的具体名单。名单中,汕头市5个村落榜上有名,分别是澄海区澄华街道上窖社区、濠江区礐石街道珠浦社区、濠江区广澳街道东湖社区、潮南区仙城镇仙门城社区、潮南区陇田镇仙家社区。

澄海上窖村依傍韩江,环境优美,民风淳朴。走进上窖村,可见一条古驿道横贯东西。在古巷里迂回返转,浓厚的古村落文化令人赞叹不已。

"上窖村昔日是水陆交通要地,往下可直接出海,往上直通潮州城,渡船到对岸可达大衙、渔洲、鳌头、庵埠等处,这里还是民族工业先驱高绳芝故里。"社区党总支书记黄少林告诉记者,上窖创乡于南宋年间,

■ 2020年12月,广东省古村落专家到上窖社区考察

历史可上溯700多年。最早创乡居民有林、高、姚3个姓氏的先辈。此后，黄、陈、吴、郑、卓、伍、蔡等姓氏相继落户。目前，全村共有560多户，2700多人。

走在上窖村，可以看到这里池塘众多，百年古榕随处可见，各姓氏宗祠、祖屋不少保存完好，其中不乏源远流长的名门望族遗留的老屋，古建筑上的嵌瓷、木雕、壁画和石雕等工艺巧夺天工，堪称一座"潮汕民间艺术博物馆"。

有资料记载，明清时期，官府在上窖村境内设置驿铺（即驿站），专门承办官府公文传递及信差住宿事宜。全县总驿铺设于县城，北行10里到上窖铺，自上窖铺北行过鳌头渡，10里至海阳县鳌头铺。南行则过上窖、大衕、梅溪渡10里，至海阳县庵埠铺。上窖驿铺设在该村"高厝内"，配有铺屋3间和木牌一面，住铺兵两名。光绪年间，澄海县开办邮局后，驿铺被裁撤，结束了其200多年的历史。

"上窖村入选第七批广东省古村落名单，这样有特色的古村落应该被保护起来，让后人看到我们老祖宗的智慧。"黄少林说，上窖古村落非常有特色，保留着原始的古村落风貌，他希望将这些古村落文化推广出去，让更多人感受到潮汕民俗风情。

（原载2021年2月5日《汕头日报》，文/陈文惠）

全面部署防灾减灾救灾，上窖创建国家示范社区

近年来，澄海区澄华街道上窖社区高度重视防灾减灾救灾各项工作，认真贯彻落实《全国综合减灾示范社区创建管理办法》的有关要求。2022年，按照市、区、街道的工作部署，上窖社区启动创建国家防灾减灾救灾示范社区工作，2023年通过市级、省级检查验收。目前，正在加强农村社区减灾资源和力量统筹，为开展全国综合减灾示范社区创建工作提供强有力的组织保障。

1. "两个坚持"开展防灾减灾设施建设

创建国家防灾减灾救灾示范社区，其中的要求可谓细之又细，如"隐患治理""基础设施建设""应急物资保障""应急力量建设"等方面，对全方位补充、完善软硬件条件提出了更高的要求。在此基础上，持续开展"预案编制与演练""宣传教育"等，则是为了提高社区居民防范应对自然灾害和各类突发事件能力。

上窖社区隶属汕头市澄海区澄华街道，地处韩江出海口沙滩地带，南临韩江下游支流西溪，创村历史可上溯至南宋年间，至今有700多年历史。近年来，上窖社区深入学习贯彻习近平总书记关于防灾减灾救灾，安全生产的重要讲话和一系列重要指示批示精神，做好"两个坚持、三个转变"，坚持以防为主、防抗救相结合，坚持常态减灾和非常态救

■ 2023年3月27日，广东省应急局领导到上窖居委检查防灾减灾救灾"十个有"工作（居委会供图）

灾相统一，大力开展防灾减灾设施建设、科普教育活动，落实综合减灾理念、提升基层应急能力，切实把确保人民生命安全放在第一位落到实处。

为加强农村社区减灾资源和力量统筹，为开展全国防灾减灾救灾示范社区创建工作提供强有力的组织保障，上窑社区成立了防灾减灾救灾领导小组，由社区党总支书记、居委会主任担任领导小组组长，由社区党总支部副书记担任副组长，小组成员由社区"两委"干部、灾害信息员、灾害风险监测网格员构成，在网格中发现问题、收集问题、解决问题，形成"网格发现—社区呼叫—分级响应—协同处置"的闭环工作机制，进一步协调有关救灾的各项工作，做好灾害的预警、报警，灾情的掌握及汇报，受灾人员的安置转移及抢险物资的供应。

同时，还结合社区实际，制定防灾减灾救灾工作制度、灾害监测预警制度、脆弱人群帮扶制度、防灾减灾救灾宣传培训制度、防灾减灾救灾物资管理制度等，推进防灾减灾工作常态化、规范化、制度化。确保有灾情发生时，可以第一时间迅速反应，与上级相关部门及时联动，确保处置事故隐患率达到百分之百。

2. "十个有"建设社区防灾减灾救灾能力

上窑社区基础设施建设不断完善，一方面积极向上级有关部门争取经费支持，另一方面充分利用社区现有资源，提前部署、大力开展社区防灾减灾救灾能力"十个有"建设。

2022年以来，上窑社区投入防灾减灾救灾能力建设专项资金共计4万多元。在区、街道有关部门的支持和指导下，社区充分利用现有资源条件，把原来位于全民健身广场西南侧二楼的应急避难场所迁移到一楼，二楼作为应急物资储备点，一楼作为多功能区，室内场地面积增至140平方米左右，室外应急棚宿区面积约700平方米，可容纳560人，一楼通过升级、改造成为符合标准的应急避难场所，环境得到了很大的改善。同时，将玉窑华侨学校、老年人协会列为两个新增的应急避难场所，面积增加7500平方米，可多容纳约5000人。

在村居主干道、人员密集区域等位置，还根据社区实际情况设立指引牌，为居民提供供电、供水、医疗等服务，储备草席、棉被、床和食品、药品等应急救灾物资，配套建设社区卫生站、微型消防站、应急指挥中心、社区灾害事故预警系统等基础设施，着力推进社区防灾减灾救灾能力标准化建设，进一步提升社区应急防灾减灾能力，大大满足上窑社区居民紧急避险和转移安置的需求。

与此同时，上窑社区居委会还整合辖区资源开展应急指挥工作，将视频监控中心设在应急指挥中心，并在辖区内安装了96个监控，对重点路段、区域进行24小时无间断实时监控，整合社区资源，开展防灾减灾工作。

3. "明白卡"落实防灾减灾救灾帮扶措施

一张上窑社区防灾减灾"明白卡"，是社区居民的应急通信录，也是落实结对帮扶救助的措施。

为加强隐患治理工作的协调联动，积极排查消除各种安全隐患，社区制作防灾减灾"明白卡"和责任联系卡，并发放到具体人员手中，有力促进了社区群众安全感、幸福感的进一步提升。此外，为全面做好风险评估工作，上窑社区还按照有关标准制作了社区灾害风险地图、应急疏散路径图。

为提高保障能力，充实应急力量，社区重新编制完善《上窑社区灾害应急预案》，整合"两委"干部、治安人员、灾害风险监测网格员、灾害信息员、党员志愿者、青年志愿者、巾帼志愿者等力量组建一支人数达29人的应急队伍，加强应急演练，保障社区应急处置能力。此外，还积极做好应急物资储备，社区还设立专门应急物资储备点，落实专人管理，建立救灾物资管理台账，与社区内商铺合作签署生活应急物资储备协议，大力鼓励和引导群众储备家庭必备应急物品。

上窑社区坚持预防为主，防患于未然，广泛开展宣传教育，防灾减灾意识不断提升。在每年"5·12"全国防灾减灾日，以及6月份安全生产月期间，结合社区实际，积极组织开展宣传教育活动，通过在防灾减灾救灾宣传栏张贴告示、在微信公众号发表推文、发放宣传资料、发放救灾物资等形式广泛宣传，以及有针对性地组织防火、防震、救援和疏散演练，切实提高群众对灾害风险、安全隐患的认识，增强社区群众防灾减灾意识，提高预防灾害风险和应急自救互救的技能。

（文/陈文惠）

澄海区在上窖召开防灾减灾救灾推进会

为全面推进澄海区行政村（社区）防灾减灾救灾能力"十个有"建设工作，2023年4月21日上午，澄海区减灾办在澄华街道上窖社区组织召开澄海区行政村（社区）防灾减灾救灾能力"十个有"建设工作推进会。全区11个镇（街道）业务负责同志和业务骨干参会。

会议首先由区应急管理局自然股负责人简要介绍澄海区"十个有"建设工作方案，随后以PPT形式重点介绍"十个有"建设分类指导，对"十个有"是什么、有什么要求、怎么建设进行逐项讲解。最后，区减灾办领导对做好澄海区"十个有"建设工作进行再动员、再部署，并提出下一步工作要求。会议结束后，区减灾办组织参会人员实地参观了澄华街道上窖社区"十个有"建设成果，为参会人员带来了直观的感受。下一步区将派出督办指导组，分赴全区11个镇街，现场指导各行政村（社区）"十个有"建设，确保按时按质完成2023年"十个有"建设目标。

率先推行"粤居码",打造平安幸福村居

上窑社区是澄海区率先推行"粤居码"的社区。2022年以来,澄海区澄华街道上窑社区以创建市级平安幸福村居示范点为契机,聚焦人民群众"急难愁盼"问题,创新整合各类基础网格资源,将服务管理事项、便民利民措施、解民困纾民难集中到网格办理,变被动应对为主动发现,逐步打造"民有所需,我有所应"的"治理+服务"新模式,推动网格真正转变为服务群众的前沿阵地。

1. 网格管理社区治理"无盲区"

在上窑社区,村委制定三级管理模式,将3个居民区网格重新划分为12个小网格,社区书记任总网格长,社区副书记任督导员,3名社区"两委"干部担任网格长,每个网格配备1名网格员,补齐多头组网、各自为战的短板漏洞。

一日一研判、一日一报告、一日一调度、一日一抽查、一事一处理,这是上窑社区建立的"五个一"应急值守机制,下好风险防范"先手棋"。该社区落实网格员对挂钩区域开展全方位巡查管理责任,及时组织力量进行应急处置,社区常态化开展涉水活动安全隐患排查整治工作,将易溺水的危险区域录入网格台账,严格实行每日重点时段河道巡逻防控,非重点时段充分运用视频监控和扩音喇叭实时管控,严防溺水事故的发生。

值得一提的是,上窑社区是澄海区率先推行"粤居码"的社区,实现流动人口进出实时更新的动态管理模式,推动排查"三非"(未经合法手续而在中国非法就业、非法入境、非法居留)外国人、疫情防控、消防安全管理等方面工作提质升级。截至2022年8月,上窑社区"粤居码"注册人数达795人,出租屋登记785间,基本实现流动人口摸排登记全覆盖。

2. 建立台账服务群众"零距离"

上窑社区广大居民群众有一个共同的微信群——"正能量微信群",这是由社区执法人员、司法人员、律师等精干力量组建的一个微信群,形成"一格多元、一专多能"架构,广大居民群众积极入群,每日发布疫情防控、法律法规、政策服务等内容,随时随地线上答疑解惑,实现基层治理从"线下开会"延伸到"线上互动"。

在组建的"网格员管理微信群"中,社区安排专人每天对"正能量微信群"内和日常走访收集的群众诉求进行分类整理,发布群内交由督导员跟进处理,搭建起"网格发现—社区呼叫—分级响应—协同处置"的闭环工作机制,让群众少跑腿,甚至"一次都不跑",实现事情有着落,困难有人帮,问题有人管。

3. 搭建桥梁情系群众"暖人心"

"3+4+12"帮扶机制,是上窑社区着力打造的工作格局。据了解,在落实好政府帮扶政策的基础上,上窑社区建立党员、共青团和妇联3支志愿服务队伍,积极发动社工站、阳光志愿社、移动、保险4家单位参与,结合12名网格员统筹协调,形成上下联动、多方协作的工作格局。同时强化精准帮扶力度,重点对"社情地图"中的17户、42名困难群体开展常态化帮扶,对严重精神障碍患者、孤寡老人、贫困户等特殊困难群体专项帮扶,目前直接服务孤寡老人、贫困户等特殊困难群体200多人次,20名严重精神障碍患者均得到较好的救助。

4. 唱响旋律融入基层"接地气"

为强化入户宣传,上窑社区印制了《"为民服务"代办事项手册》(第一期)、《综合网格化管理宣传手册》等宣传资料,逐一入户悬挂"网格门牌",宣传23项代办事项和"国家反诈中心"App。

截至2022年8月,共受理群众诉求156宗、代办事件66宗,社区群众"国家反诈中心"App安装率达到100%。加强急救宣传,联合阳光志愿

■ 上窑社区居家养老服务社区

社开展"心肺复苏"系列宣传活动,安排专业人员开展应急技能培训,发放心肺复苏科普资料600多份。推广创新宣传,设置VR体验角,吸引社区居民通过VR一体机仿真切身感受酒驾、诈骗、邪教等带来的危害,不断营造全民崇德尚法的良好氛围。

(文/陈文惠)

澄海区法治宣传进社区

为迎接2020年7月1日《中华人民共和国社区矫正法》的正式实施，进一步加强对《中华人民共和国社区矫正法》的学习和理解，增强居民学法意识，全面推动社区矫正工作，2020年5月29日上午，由澄海区普法办、司法局主办，澄华街道普法办、澄华司法所、上窖社区居委会协办的法治宣传活动在上窖社区广场开展。

日常工作中，经常会有社区矫正对象问："我想去外地参加一个学习培训会，可以请假吗？""我的亲属在外地看病，我能够去照顾吗？""我可以到外市打工吗？"……此次宣传活动通过面对面宣讲、演说案例等多种形式清晰地解答了他们心中的疑惑。与此同时，现场展出了多个主题突出、形式新颖、色彩明丽的法治漫画，吸引了一大群居民驻足学习。漫画将《中华人民共和国社区矫正法》条文与本地元素有机结合，以生动形象的艺术形式展现了该法的重要内容，促使内容更加通俗易懂。法治漫画不仅提升了居民对该法的认知，而且促使居民理解并将其传播给更多人。现场还发放宣传资料，让群众进一步学习《中华人民共和国社区矫正法》相关内容。

此次法治宣传教育进上窖社区专场——《中华人民共和国社区矫正法》宣传活动显著提升了居民法治知识水平，为居民集体"充电"。

（澄海区司法局2020年6月1日发布）

疫情防控共聚力，党建引领送关爱

面对疫情考验，基层是联防联控、群防群治的第一线。澄华街道各社区党组织和阳光志愿社党支部充分发挥党建引领作用，党员干部、志愿者们坚守岗位，当好药品、物资的"配送员"，以实际行动彰显党员冲锋在前的先锋形象。

2022年12月中旬，疫情防控进入新的阶段，面对感染高峰，部分居民遇到看病难、买药难、买药贵的问题。为切实保障人民群众生命健康安全，上窖社区党总支部积极作为、靠前工作，主动联系潮州市的医生，自12月23日起，通过视频、微信等线上载体，在社区设点免费为居民远程看病并配送药物，10天来共接诊超1000人次。

上窖社区党总支部宣传委员高泽颖介绍："现场出动的工作人员每天大概是10人次，负责跟医生对接、取药。比如有些居民卧床起不来，我们通过上门，跟医生直接微信视频观察病人病情，现场就诊，过后我们就统计人次，一并到医生那边取药，上门送到居民家中。"

结合"多网合一"综合网格化管理工作，社区还充分发挥网格员管理服务优势，帮助网格内居民问诊、送药，用实际行动守护人民群众的身体健康。辖区内的热心企业也主动承担了此次全部医药费用，彰显了社会责任与企业担当。

上窖社区网格员高泽鹏说："近10天来，我负责跟医生取药，到潮州去取药，一般一天多的话来回五六趟，有时候就一两趟，拿回来后跟其他网格员分派，帮居民送上门。"

上窖社区视频问诊、送药上门的举措也赢得了居民的大力称赞。

有社区居民说："特别是对年老的居民非常方便，不用跑医院。跟医生视频问诊，跟他说我发烧、咳嗽，医生就跟我们说取哪样药去服用，还交代我们怎么服用，社区工作人员会帮我们送药上门，更方便。"

还有社区居民说："我们一直在夸，这次社区这么做非常正确，非常得民心。"

　　疫情期间，无情的是病毒，有情的是人心。一通通热心电话、一份份便药和口罩……社区"两委"干部、网格员、志愿者，他们只是平凡生活中的平凡者，但关键时刻他们义无反顾地站了出来。民生无小事，点滴见真情。

（原载2023年1月5日《澄海资讯》，文/陈晓纯）

几许湾湾池水，平添灵性活力

潮汕乡村都有或大或小、或长或圆、或深或浅的池塘，星罗棋布地散落在村里，成为美丽乡村灵动的标记。在澄海区澄华街道上窖社区，这里空气清新，如镜池塘映照出古村落沧桑容颜，池塘更似眼眸，洞察着祥和村庄的前世今生。

上窖村依傍韩江，环境优美，民风淳朴。古村水道如玉带环绕，从西北沟口引水而入，自北至南、自西至东，经沟尾从东北流出。近年来，上窖社区优越的自然生态环境让村民的生活水平不断提高，村民安居乐业，乡村文化底蕴深厚，一派新时代美丽乡村的景象。

上窖社区乡村池塘似碧玉，一湾湾池水承载了古村古老而又漫长的故事。由于年代久远，有些池塘在时间潮汐的冲洗下慢慢消失，只留给村民美好的记忆。此前，上窖社区池塘众多，有月英池、工厂池、沙池、赵爷池、石池、北厝池、柑渔池、堤脚池、宫前池、堀仔池等13个池塘，如今仅保存有大池、姚厝池、龙舌池、沙池4个池塘。它们静静地躺在古村落，倾听着村里人的呢喃细语，深藏着乡村生活的活色生香。

池塘连着人工水渠绕村而筑，是上窖社区的村容特色，村中流淌的沟渠给古老的村庄增添了几分灵动和生气，现有文祠沟、沟口沟两条排水沟渠，文祠沟与沟口沟相连接，长约150米，宽2~3米，水流自南向北，既是祠堂的风水沟，也是下雨排水的缓冲区，使上窖虽处低洼窖地，却从未发生内涝，享有风水地理优势。

一方方池塘倒映着天光云影流动的岁月，讲述着一个个故事。龙舌池位于学校路附近，原有面积3亩多，池塘南北走向，传说池塘水位低时，池中会浮现一条长堤，宛若"龙舌"，故名"龙舌池"。如今，"龙舌"虽已不见踪影，但给村民留下了美好的传说与回忆。

大池虽叫"大池"，面积却不大。大池面积1亩多，池中放了不少鱼苗，水质清澈，常常可见鱼儿优雅地游弋而过。

姚厝池位于姚氏宗祠前，从高处看，池塘形似"肚兜"，姚厝池盈盈碧水，沉积着悲欢离合，盛满了兴衰枯荣，见证了年年岁岁的人事更迭。姚厝池原本是一个臭水池，住在周边的村民苦不堪言。经过改造，环境美观整洁，还建设了池围，装了彩灯，每天都有很多村民来这里休闲散步。

上窖社区的池塘是该村的眼睛和灵魂，池塘为乡村增添了神韵和灵性、风采与光泽、生机与活力，姚厝池的变化只是上窖社区近年来人居环境整治的缩影之一。近年来，上窖社区人居环境整治成果让人眼前一亮，浓浓的潮汕民俗风情扑面而来。

2022年年底，上窖社区沟尾连着姚厝池一带的人居环境改造项目改造完工，经过改造后，环境美观整洁，还建设了池围，装了彩灯。每到夜晚，位于社区永兴路的姚厝池周边及沟尾一带，池边长约500米的"小长城"池围亮起灯光，池塘呈现波光粼粼的美景，原始的古村落风貌让人记住乡愁。

只要有美丽乡村在，池塘沟渠便不会消失，总有一天它们会回到人们的记忆中。在文祠地前，有一条清澈见底的排水渠，这就是"文祠沟"，沟渠边木质栏杆古朴典雅。一路之隔就是沟口沟，"绿水青山就是金山银山"，沟渠边村民老屋外墙的墙绘字样醒目大气。

近年来，上窖社区村容村貌有所改观，群众的满意度也有所提高。深

■ 上窑社区党群服务中心

厚的文化底蕴和美丽乡村环境，吸引了附近居民和游客。创建工作擦亮了乡村振兴的美丽底色，村民的获得感和幸福感也不断增强。2021年，上窑社区被评为"广东省古村落"，趁着获评省级古村落的契机，社区"两委"带领全村干部群众着力建设"望得见山，看得见水，记得住乡愁"的美丽乡村。

（文/陈文惠）

剪纸送村民，墨香暖人心

2023年1月10日，癸卯新春来临之际，"我们的中国梦——文化进万家 新春走基层活动"走进澄海区，市民间文艺家协会组织10多名文艺志愿者现场挥毫书写春联赠送群众，为村民派发兔年主题剪纸，丰富了群众精神文化生活，营造欢乐祥和的节日氛围，浓浓的春节气息扑面而来。

本次活动由市文联主办，市民间文艺家协会、广东博雅民艺非遗馆联合承办，活动在上窖村党群服务中心设点，把新春的祝福、党和政府的关怀送到千家万户，让广大群众感受到了浓浓的年味和温暖。

"一帆风顺吉星到，万事如意瑞气来""福到财到吉祥到，家和人和万事和"……活动现场人头攒动、翰墨飘香，书画家们挥毫泼墨，笔走龙蛇，行云流水间，一副副各具神韵、颇具匠心、充满年味和对美好生活的向往的大红春联和一个个"福"字跃然纸上，满载着浓浓的祝福和节日气息，送到了村民手中，也送到了他们的心中。

■ 现场挥毫书写春联赠送群众

在上窖村活动现场，村民们一边欣赏书法创作，一边挑选心仪的春联，到处洋溢着新春的气息。有的村民把挑选好的春联小心翼翼地放在一旁晾干，然后高高兴兴地带回家。村民李姐和老伴拿着"和顺一门有百福，平安二字值千金"的春联，这份充满年味的礼物让他们开心不已。"这副对联寓意好，我想把它带回家。"李姐告诉记者，听说书法家要来村里现场写春联，她早早就过来等待，邻居还让她帮领一副带回家。

■ 精美剪纸赠送给村民

"我们这次创作了'平安兔''福兔''爱心兔'等一批兔年主题剪纸作品免费送给村民,希望祖国繁荣昌盛,人民幸福美满。"国家级非物质文化遗产剪纸项目广东剪纸省级代表性传承人魏惠君带着"魏惠君执委工作室"成员来到现场,用灵巧的双手与娴熟的技巧,制作富有喜庆元素的精美剪纸赠送给村民,让乡亲们领略到非遗剪纸的魅力。

主办方表示,此次活动旨在传承和弘扬中华优秀传统文化,让更多的群众领略和感悟到书法和剪纸文化魅力,同时,通过送春联、送主题剪纸的形式,营造浓浓的年味,把新春祝福送进千家万户,让艺术真正走近群众、服务人民,助力文化强市建设。

(文/陈文惠)

建体育公园、修"小长城"，乡村多了网红"打卡地"

村主干路大榕树上挂起了红红的灯笼，书法家们来到乡村新时代文明实践站书写春联，村民欣喜地挑选着心仪的春联，民间剪纸艺人现场创作兔年主题剪纸，把富有喜庆元素的作品赠送给村民……癸卯新春前夕，记者走进澄海区澄华街道上窖社区，眼前村容村貌整洁干净，呈现一派浓浓的迎新年欢快氛围，村民们脸上洋溢着幸福的笑容。

只要有美丽乡村在，池塘沟渠便不会消失，在文祠地前，有一条清澈见底的排水渠，这就是"文祠沟"，沟渠边木质栏杆古朴典雅。一路之隔就是另一条排水沟，叫"沟口沟"。"绿水青山就是金山银山"，在沟渠边的村民老屋外墙上，墙绘图案和字样醒目大气，描绘出社会主义新农村建设的美好景象。

近年来，上窖社区村容村貌有所改观，群众的满意度也有所提高，深厚的文化底蕴和美丽乡村环境也吸引了附近居民和游客前来游玩。创建工作擦亮了乡村振兴的美丽底色，村民的获得感和幸福感也不断增强。

走进上窖村，这里池塘众多，一条古驿道横贯东西，百年古榕随处可见，各姓氏宗祠、祖屋不少保存完好，其中不乏源远流长的名门望族遗留的老屋。记者在古巷里迂回折转，欣赏着古建筑上的嵌瓷、木雕、壁画和石雕，民间艺术巧妙绝伦，有着浓厚文化气息的古村落堪称一座"潮汕民间艺术博物馆"。

2022年年底，上窖社区沟尾连着姚厝池一带改造完工。原来池边杂草丛生，垃圾成堆；如今，多处闲置地已改造成"小菜园""小花园"，情趣盎然，村内的人居环境得到了较大改善。

每到晚上，池边一条长约500米的"小长城"池围亮起灯光，夜晚的池塘呈现出波光粼粼的美景。村民经常在饭后散步来到池塘边，这里已成为村民休闲"打卡"的好去处。

第四章 美丽乡村建设 | 089

■ 大榕树上挂起了红红的灯笼

姚厝池的变化只是上窖社区近年来人居环境整治的缩影之一。近年来，乘着乡村振兴的春风，上窖社区人居环境整治成果让人眼前一亮，浓浓的潮汕民俗风情扑面而来，在第七批"广东省古村落"名单中，上窖村在列。

记者走访中，许多村民坦言，以前上窖村的村容村貌可不是这样，当时可以用"脏乱差"来形容。"上窖社区沟尾连着姚厝池一带的人居环境改造项目投资70多万元，历时两个多月改造完工。"上窖社区党总支书记黄少林告诉记者，姚厝池原本是一个臭水池，住在周边的村民苦不堪言，经过改造后，环境美观整洁，还建设了池围，装了彩灯，每天都有很多村民来这里休闲散步。

　　堤边绿色草皮上"不忘初心　牢记使命"的红色大字格外醒目,崭新的体育娱乐设施、棕红色的环形塑胶跑道、休闲文化长廊……在上窑社区外高祠堂前的体育公园又是该村另一个亮点,面貌较之前焕然一新。一时

间,这里也成了社区居民和周边群众休闲活动的"打卡地"。

"上窖社区体育公园沿堤而建,全长450米,面积约15亩,几年前拆除违章建筑物后一直没有动工,后来于2021年改建完工,第一、二期总投资500多万元。"黄少林告诉记者,经过拆除违章建筑物改造后,如今建成的体育公园成为村民体育休闲活动的好去处,解决了群众对美好生活的迫切需求。

记者在体育公园看到,这里配有便民座椅、休闲长廊、健身器材,健身步道环绕一周,周边绿化相伴,环境整洁美化,具有体育健身、运动休闲、娱乐休憩等多种功能,为让公园能够满足社区青少年学生的需求,经过修整,改造建设了一个篮球场,空间布局更合理,功能设计更人性化,满足社区居民体育休闲运动,提升了社区群众的健康体质和精神面貌。

如今,上窖社区仍然保留着原始的古村落风貌,群众卫生保洁意识也越来越强,美丽乡村的村容村貌焕然一新,居民生活幸福和睦,澄海区澄华街道上窖社区村委干部为群众办实事、做好事、解难事,切实解决了群众的急难愁盼问题,赢得了广大群众的赞誉,推进了美丽宜居乡村建设,助力乡村振兴战略实施。

(原载2023年1月16日《文明汕头》,文/陈文惠)

民俗文化巡游,古村登上热搜

2023年5月12日(农历三月二十三),一场久违的民俗文化巡游活动在澄海区澄华街道上窖社区举行。时隔6年,村民们在家门口近距离感受到民俗文化之美,他们每个人的脸上都洋溢着幸福的笑容,古老村庄也因此增添了几分灵动和生气。如今,上窖社区村容村貌整洁干净,独特的自然风光和丰富的潮汕历史文化积淀,使这个名不见经传的古村落成了网红"打卡地",吸引众多市民前来"打卡"。

澄海区澄华街道上窖村创乡于南宋年间,至今有700多年历史。古村落依韩江而立,环境优美,民风淳朴,一条古驿道横贯东西,潮汕民居鳞次栉比。2021年,上窖社区被评为"广东省古村落"。当天,民俗文化巡游队伍在锣鼓声中穿街过巷,气势磅礴;经过之处,彩旗招展,热闹非凡。潮州大锣鼓、舞龙、麒麟舞、布马舞、英歌舞等方阵轮番出场,展现了民间艺术深厚的文化底蕴,吸引了众多社区居民和外地游客驻足围观,给静谧的古村落带来了欢快热闹的气氛。在民俗文化巡游的前一晚,该村

■ 舞狮

■ 潮州大锣鼓

第四章 美丽乡村建设 | 093

■ 英歌舞

还举行了一场盛大的烟花秀，璀璨夺目的烟花在空中绽放，点亮了整个村庄的夜晚。

5月11日晚，上窖社区上演了一场盛大的烟花秀，璀璨夺目的烟花在空中绽放，一束束星火直冲夜空，点亮了整个社区。持续40多分钟的烟花秀，带来了一场令人震撼的视觉盛宴。市民说："晚上灯火辉煌，非常亮。全村人都非常高兴，附近的民众也都来村里玩，晚上很多人结伴，

■ 麒麟舞

■ 舞龙

三五成群。"

　　穿行在上窑社区巷陌，宗祠、祖屋保存完好，其中不乏历史悠久的老屋，雕梁画栋、飞檐翘角可辨昔日之繁华，装饰于这些古建筑之上的嵌瓷、木雕、石雕、壁画巧夺天工。村头巷尾随处可见百年古榕，枝繁叶茂，盘根错节。

　　每到晚上，姚厝池池围亮起灯光，池塘呈现出波光粼粼的美景。据介绍，上窑社区沟尾连着姚厝池一带的人居环境改造项目投资70多万元，历时两个多月改造完工。深厚的文化底蕴和美丽的乡村环境吸引了附近居民和游客。每天晚上和节假日，上窑韩江大堤、体育公园、沟尾等地，总是挤满赏景纳凉的村民游客，这里已成为群众休闲娱乐的好去处。

　　"上窑村风景秀美并不是一朝一夕形成的。"看着村里的巨大变化，一位村民高兴地说，"我相信我们的生活会越来越好。"据介绍，姚厝池原本是一个臭水池，池边杂草丛生，垃圾成堆。住在周边的村民苦不堪言，经过改造后，环境美观整洁。

　　姚厝池的变化只是上窑社区近年来人居环境整治的一个缩影。近年来，乘着乡村振兴的春风，上窑社区先后建设体育公园、党群服务中心，改造了文祠沟、沟口沟、姚厝池、沟尾。同时，对辖区内各个角落进行了微改造。村容村貌焕然一新，"美丽四小园"渐次绽放，文明创建工作擦亮乡村振兴的美丽底色，村民的获得感和幸福感也不断增强。

上窖社区党总支部副书记姚忠生说："近年来，上窖社区一方面挖掘文化资源，保护原始的古村落风貌，留住乡愁；一方面推进美丽乡村建设，助力乡村振兴的战略，建设了体育公园和党群服务中心，使村容村貌有所改观。这次民俗活动得到群众的广泛积极参加，我们也意识到，在建设宜居宜业的同时，也必须高质量发展，这样才能让群众看得见平安，摸得到幸福。"

值得一提的是，上窖社区还是清末民初潮汕著名的华侨实业家、民族工业先驱高绳芝和著名潮剧表演艺术家姚璇秋的故里。每逢节假日，前来探访的游客络绎不绝，上窖社区成为城市近郊休闲旅行的网红"打卡地"，也是了解潮汕古村落的一处窗口。

（原载2023年5月16日《汕头日报》，文/陈文惠）

上窑村烟花秀，社区大放光彩

2023年5月11日（农历三月二十二）晚上8点，一场盛大的烟花秀在上窑村村口拉开帷幕，璀璨夺目的烟花在空中绽放，点亮了整个村庄，这是上窑建村700年来首场烟火晚会，半个小时的烟花秀吸引了无数人前来观看，也成为翌日"妈生节"游神活动最炫目的序幕。

农历三月二十三，在潮汕人的民俗日历里，这是非常重要的节日——"妈生节"。这一天是潮汕人信奉的女神妈祖

■ 上窑村的烟花秀

第四章 美丽乡村建设 | 097

■ 三月二十三"妈生节"

的诞生日,家家户户要备办供品、香烛到妈祖庙祭拜,不少乡村还要做大戏、游神,祈求妈祖保佑风调雨顺、平安兴旺。提前一天的这场烟花秀,算是为"妈生节"预热。

烟花秀当天,整个上窑村到处张灯结彩,从乡里祠堂到各条街巷,家家户户灯明烛红,充满了欢声笑语,洋溢着节日的气氛。晚上8点一到,在万众期待中,鼓乐齐鸣,烟花绽放,漫天飞舞的烟花与地上的彩灯交相辉映,构成了一道绚丽夺目的乡村风景线。

■ 整个上窑村到处张灯结彩

美丽乡村气象新,五代同堂乐悠居

"我们村的黄就强老人今年104岁,是村里年龄最大的居民。和黄老一样的百岁老人,村里还有103岁的蔡瑞香、100岁的王素莲两位居民。"近日,记者在澄海区澄华街道上窖社区采访,社区党总支部副书记姚忠生告诉记者,近年来,上窖社区优越的自然生态环境让村民生活质量和生活水平不断提高,村民安居乐业,乡村文化底蕴深厚,一派新时代美丽乡村的景象。

家住上窖社区卓厝巷的黄就强老人生肖属猴,年已104岁,虽是期颐之年,但精神矍铄。采访当天,恰逢上窖社区举行民俗文化巡游活动,老人家还在家人的搀扶陪同下外出观看了民俗文化巡游活动,看到乡村新面貌新气象,老人脸上一直洋溢着幸福的笑容。

如今的上窖社区环境优美、空气清新,百年古榕随处可见,荫庇着生生不息的住民。此外,还有众多池塘,更有人工水渠绕村而筑,流淌的溪水给古老的村庄增添了几分灵动和生气。上窖社区既保留其原生态的古村落村居风貌,又引入现代元素,这里少了工业废气和化学原料的污染、汽车的噪音,村民生活安宁,日出而起,日落而息,全村尊老、爱老、助老的氛围日益浓厚,老年人自得其乐,村头巷尾呈现出一片祥和的景象。

都说"山中也有千年树,世上难逢百岁人"。上窖村户籍人口仅2700多人,就有3位百岁老人。

黄就强老人的大儿子今年78岁,谈及父亲的长寿秘诀,黄兄告诉记者,父亲年轻时靠打鱼为生,勤勤恳恳,正直善良,是乡里渔组的工人,养育了他们4个儿子,平时老人家饮食以清淡为主,喜欢甜食,每天还要喝上四五罐盒装花生牛奶。"我在家排行老大,3个弟弟也都是六七十岁的老人,家族五代同堂,有80多口人。"黄兄说,上窖村空气好,平时父亲经常在家门口走走,他脾气好,凡事不易动怒。如今他们四兄弟每天安排一人轮流照顾老父亲,"轮流照顾,这样老人家每天的饭菜就都不会重复,能吃上不同手艺的饭菜"。

100岁的王素莲家住上窖村玫瑰园，有点耳背，但神态安祥，一直笑呵呵的。儿子林启胜今年68岁，王素莲的丈夫在新婚3个月后就到海外做生意，后来再也没有回国，当时从马来西亚寄来侨批养活家人。

"我母亲性格乐观，一生与人为善，虽然生活坎坷，但她毫无怨言，和蔼慈祥。"林启胜说，从他13岁起，父亲就没再寄来侨批，他只得挑起重担挣钱养家。

和黄就强、王素莲两位百岁老人一样，现年100岁的蔡瑞香老人年轻时辛苦劳作，用自己的勤劳养活了后代。百岁老人们心胸豁达，知足常乐。如今，百年的岁月已在3位百岁老人的脸上化作一道道或深或浅的皱纹。让3位百岁老人高兴的是，村里的路变干净了，门口的姚厝池池水也变清澈了，村居自然生态环境变优越了……看着生活了一辈子的乡村变得越来越美，子孙满堂，后代尊老敬老，自己作息、饮食规律，谈起每天的生活，百岁老人们都显得十分开心满足。

（原载2023年5月26日《汕头日报》，文/陈文惠）

700年古村落，落脚处有故事

《汕头日报》"侨心侨情中国梦——侨村新变"专版特别报道

走进澄海区澄华街道上窑社区，目之所及皆风景，落脚之处有故事。上窑创村于南宋年间，至今已有700多年历史。这里依傍韩江，环境优美，民风淳朴，是著名潮剧表演艺术家姚璇秋的祖居地，也是著名侨乡，

■《汕头日报》专题报道

曾走出高满华、高晖石、高绳芝等著名侨领。

徜徉其中，民居、祠堂、驿道、古树、渡口等错落其间，集明清文化、岭南建筑和潮汕民间艺术于一体，有着浓厚文化气息的古村落堪称一座"潮汕民间艺术博物馆"。2021年，上窖社区被评为"广东省古村落"。

秀美古村入画来

上窖社区依傍韩江，村巷干净，环境优美。漫步其中，百年古榕随处可见，名门望族老屋比比皆是，青砖黛瓦，古色古香，乡愁袅袅。记者看到，各姓氏宗祠、祖屋等古建筑上的嵌瓷、木雕、壁画和石雕等工艺巧夺天工，让人恍如置身画中。这个传统村落经历了几百年的风风雨雨，染尽了数百载的沧桑，依然那么气势恢宏、耐人寻味。

"上窖村昔日是水陆交通要地，往下可直接出海，往上直通潮州城，渡船到对岸可达大衙、渔洲、鳌头、庵埠等处。"社区党总支副书记姚忠生告诉记者，上窖创村于南宋年间，历史可上溯700多年。最早创村居民有林、高、姚3个姓氏先辈。随后，黄、陈、吴、郑等姓氏相继落户。目前，社区户籍560多户，居民2700多人。

■ 上窖村局部（陈文兰、陈珊娜摄影）

以前，上窖村以农业耕种为主，抽纱、潮绣、草袋等传统手工业十分发达，特色农产品白葛远近闻名。改革开放后，村民依靠区位优势，发展毛织、玩具、机械等产业，取得了一定的成就。

历史悠久奇观多

古村落保存着丰富的历史信息和文化景观，既承载着人们绵长的情思乡愁，也彰显着传统文化之根。一条古驿道横贯东西，村民逐古驿道而居，黄、高、姚、林、陈、吴、郑等姓氏村民和睦共处。如今，位于古驿道边的一间间老屋，让人不禁遥想当时客商穿梭、吆喝声不绝于耳的场景。

据记载，明清时期，官府在上窖村境内设置驿铺（即驿站），专门承办官府公文传递及信差住宿。全县总驿铺设于县城，上窖驿铺设在上窖村"高厝内"，配有铺屋3间和木牌一面，住铺兵两名。光绪年间，澄海县开办邮局后，驿铺被裁撤，由此结束了200多年的驿铺历史。

沿着蜿蜒的道路，记者来到古渡口。这个渡口已有400多年历史，如今仍存明代古碑一块。市民间文艺家协会主席姚望新告诉记者，古渡口在解放战争期间还曾是一条鲜为人知的"红色通道"，运送了一名又一名的地下工作者，为解放战争的胜利做出了巨大的贡献。

关于这个渡口，还有个美丽的传说。传说姚氏先人曾在明末官至刑部主事，其夫人为汕头渔洲人，在出嫁时她的家人把一艘能容纳二三十人的渡船作为嫁妆，以方便女儿时常回娘家。同时，向官府申请牌照，上窖官渡由此而来。

数百年过去了，如今渡口仍然有渡船穿梭其间。古渡之上，水波依旧，天低江阔，岸上还残存的古老灯柱，默默见证着上窖古渡的沉浮兴衰。

名人荟萃底蕴深

上窖社区人杰地灵，是著名潮剧表演艺术家姚璇秋的祖居地，也是著名侨乡，曾走出高满华、高晖石、高绳芝等著名侨领。

出生于上窖村"青窗内"的高满华是华侨实业家，旅泰华侨经营机械碾米业的首创者。华侨实业家、慈善家高晖石和高学能均是商界能人，他们继承父业，继续拓展国内外商业企业。高氏在泰国创办的机械火砻业，从原来元发盛一家，扩展到元金盛、元得利三家。

高绳芝是上窖村人，是泰华商界巨擘高满华之孙、大慈善家高晖石之侄，历任汕头总商会会长、汕头民政长、全潮民政财政总长，是清末民初潮汕著名的华侨实业家、民族工业先驱和社会活动家。

对高绳芝的故事，村民们耳熟能详。村民黄先生说，他们村里的小孩都是听着这些故事长大的，这些侨领是村里的骄傲。高绳芝兴办民族工业，创实业以振兴国家，创办了汕头埠水、电、通信事业，还慷慨解囊，是众多建设汕头埠的华侨中之代表人物，汕头市中山公园的"绳芝亭"就是为了纪念他而建的。

此外，社区内的玉窖华侨小学也是由华侨捐资助建的。姚忠生介绍说，该学校前身是上窖小学。1992年，由上窖村委发动华侨和居委热心人士捐资人民币100多万元，于上窖乡东北面地段兴建新校舍，易名为玉窖华侨小学，大大改善了乡村的办学条件。

古屋新韵留乡愁

行走在上窖社区，一座座宗祠、祖屋充盈着淳朴厚重的气质，让"大隐于市，归园田居"变得触手可及。

说起上窖社区的老厝，姚望新如数家珍，他告诉记者，村里保存了许多典型潮汕传统民居。高厝祖屋是一座典型的"驷马拖车"式潮汕民居，由三落、二火巷、一后包组成。该院落共有99个门、4口水井，现今保存完好，井水清澈如镜。林氏的"西河旧家"祖屋虽已破落，但规模、建制清晰可辨，"科贡传芳"字样昭示其先祖曾经的辉煌和耕读传家、崇文尚学的家风。黄厝祖屋"江夏旧家"坐落在石池，门前曾经有池塘，池塘现已填没，但现存石栏杆完好，"石池"名字由来应是如此。

沟尾"四点金"是姚望新祖宅，始建于清道光年间，距今约有200年的历史，历经战火而屹立不倒。四房一大厅，配套照壁、火巷、水井，还有神龛、阁楼等。姚望新表示，一砖一瓦讲述历史，一石一木承载乡愁，

上窑古村呈现了潮汕先辈农耕生活形态和乡土历史文化面貌,是留住"乡愁"的重要载体。

说话间,我们来到上窑社区外高祠堂前的体育公园,堤边绿色草皮上"不忘初心 牢记使命"的红色大字格外醒目,崭新的体育娱乐设施、棕红色的环形塑胶跑道、休闲文化长廊……眼前的公园让人耳目一新。

与其他体育公园不同的是,这个体育公园沿堤而建,而且跳脱出了以往"乡村体育场"的印象,与周围的景色融为一体,自然和谐。"体育公园面积约15亩,于2021年改建完工。"姚忠生说,体育公园的建成让村里的风气更和谐了,吃完晚饭,打牌的人少了,打球、散步、跳广场舞的人多了。

记者在体育公园看到,这里配有便民座椅、休闲长廊、健身器材,健身步道环绕一周,周边绿化相伴,环境整洁优美,堪称天然氧吧,为村民提供了舒适的休闲和运动健身的场地。

四塘相连绘就水清岸绿美丽乡村

上窖社区池塘众多，更有人工水渠绕村而筑，流淌的溪流给村庄增添了几分灵动和生气。池塘里，水草随波摇曳，岸边绿草茵茵，一派悠然静谧的古村美景。姚忠生告诉记者，社区里水道如玉带环绕，从西北沟口引水而入，自北至南、自西至东，经沟尾从东北流出。目前，社区有大池、龙舌池、沙池和姚厝池4个池塘，水系彼此相连、相互贯通，它们就像一块块巨大的绿宝石，镶嵌在古朴和现代化相融的民居之间。

姚厝池水平如镜，古民居围塘而建，鳞次栉比，井然有序，蓝天白云倒映在池塘中，像极了一幅美丽的山水画。村民姚婶高兴地说，姚厝池原本是一个臭水池，住在周边的村民苦不堪言，经过改造后，环境美观整洁，池水很清，村民们非常开心，幸福感和获得感满满的。

记者看到，在姚厝池周边及沟尾一带，"四小园""小菜园""小花园"等小生态板块情趣盎然。每到晚上，池边长约500米的"小长城"池围亮起灯光，夜晚的池塘呈现出波光粼粼的美景。村民经常在饭后散步来到池塘边，这里已成为村民休闲的好去处。

难忘儿时收取侨批的幸福

"当年爷爷漂洋过海打拼,身在异国他乡,但一直心系故乡亲人。"说起爷爷下南洋的故事,姚忠生打开记忆的匣子,开启一段侨批记忆之旅。

姚忠生是扎根基层的工作者,也是上窑村的一名侨眷。早年,姚忠生的爷爷——年仅20多岁的姚芝鸿惜别妻儿,登船漂洋过海到泰国谋生。之后几十年再未与妻儿团聚,只靠侨批互诉衷肠。直到1986年,姚芝鸿才首次回乡与亲人团聚。

"在我小的时候,潮汕地区普遍贫穷,很多人家连饭都吃不饱。"姚忠生说,爷爷寄来的侨批确保他们一家人过上比较好的生活。今年50多岁的姚忠生清楚地记得,他小时候在村里看到侨批派送员过来了,就会情不自禁兴奋地喊道:"爷爷回来了。"

"我爷爷一直居住在泰国,好长一段时间,他与我父亲姚楚潮的联系就是一封封侨批。虽只是一张张纸,但当时在父亲心里值千金,侨批为华侨搭建了一座与家乡沟通的桥梁。"姚忠生说,侨批演绎的亲情乡情仍历历在目。

回忆起那时收到侨批的情景,姚忠生说,拿到侨批的乡亲们都像过年一样开心。在他的印象中,每次收到来批,家里都欢声笑语一片,如过节般热闹。

在姚忠生看来,身在异国他乡的侨胞们心系故乡,而扎根故乡的归侨侨眷同样在用自己的行动参与家乡建设。

八代传承,专注儿科

中医药文化根植于民间、传承于民间、应用于民间。位于上窖社区的玉林斋中医儿科,至今已传承绵延270多年。2020年,该项目被澄海区列入区级非物质文化遗产代表性项目名录,第七代传人林喜钦成为代表性传承人。

相传清朝年间,一位朝廷医官因得罪权贵,避难到上窖村,得林氏先祖悉心照顾。为报林家恩德,这位医官向林氏先祖悉心传授中医儿科诊治的方法,临行之际,还赠予宫廷医书及秘方。现在,上窖林氏于每年农历五月初四都会举行一个祭拜仪式,纪念这位授医的医官。

清乾隆十年(1745),林氏入潮始祖林居安其第19世裔孙林钦昊,于书斋玉林斋附设医寓,为乡民治病疗伤,成为玉林斋第一代传人。他主攻中医儿科,擅长治疗"麻、痘、惊、疳"儿科四大症及其他常见病和疑难杂症。后代谨守祖训,潜心岐黄,至今已传8代。

古村民俗活动丰富多彩

潮汕祠堂,源远流长,文化内涵极其丰富,是海内外潮人"记得住乡愁"重要的精神圣地。20世纪80年代,上窖村各姓氏先后恢复宗祠晋主制度,分别规定宗祠每年晋主日。当天,各宗祠举行晋主仪式,族人备办祭品,进祠祭拜祖先。

各祠堂在晋主日都会举行隆重的祭祀仪式,男女老幼皆可参加。祭祀完成后,族人聚餐,俗称"食公桌"。村里老人告诉记者,每逢晋主日,乡里就像过大年,喜庆热闹。一大早,乡邻村民和族里百姓就聚集在一起,举行祭祀大典。宗祠外,香气飘扬,木板桌上摆放着美味,厨师们忙着张罗大餐,一桌桌宴席依次排列。

"食公桌"属于族人内部的一种仪式性的进餐,是晋主仪式的延续。老人说,举行晋主"吃公桌"活动,体现了潮汕地区的宗亲理念。族丁兴旺,宴请族人,族人分享喜悦、沾沾喜气,是一种约定俗成的习俗。

在上窖社区,有两座天后宫,供奉妈祖。妈祖,又称"天妃""天后""天上圣母""娘妈",是历代船工、海员、旅客、商人和渔民共同信奉的神祇。每年农历三月二十三是妈祖诞辰纪念日,俗称"妈生",村里举行文化活动,家家户户进行祭拜,祈求风调雨顺、国泰民安。

(原载2023年7月27日《汕头日报》,文/陈文兰、陈珊娜)

创建"百千万"典型村，启动社区水改项目

2024年9月14日，由汕头市文联、澄海区"百千万工程"指挥部办公室主办，澄华街道办事处、澄海区文联承办、上窑社区协办的"潮创新优势 助推百千万"——汕头市艺心助力"百千万工程"系列活动在澄华街道上窑社区举办，致敬著名表演艺术家姚璇秋先生，以文艺赋能助推"百千万工程"深入实施。现场举行上窑社区水改项目启动仪式和澄海区"百千万工程"典型村及古村落采风活动启动仪式。

上窑社区文化底蕴深厚，人杰地灵，2021年被省文联、省民协列入第七批"广东省古村落"，是蜚声海内外的著名潮剧表演艺术家姚璇秋先生的故里。

2024年1月，上窑社区被列入广东省"百千万工程"典型村建设。在区、街道党委、政府的领导下，以"头号工程"力度抓紧抓实典型村创建工作，坚持以党建为引领，以人民为中心，围绕典型村建设要求，做好古村美、产业兴、旅游热等方面的工作，推动典型村建设出新彩，全力跑出典型村创建"加速度"。

本次"百千万工程"创建工作得到众多乡贤的关注和大力支持。为科学有序推进典型村创建工作，进一步提升"广东省古村落"的品牌形象，建设宜居宜业乡村，促进城乡融合发展，社区特邀黄健波回乡编制改善村容村貌、拓展文旅休闲产业的总体规划及系列提升设计。

黄健波，北京巅峰智业合伙人，他利用在文化旅游产业策划及乡村规划的丰富经验，结合上窑实际情况，提出依托本村独特区位及生态优势，挖掘古村人文底蕴，系统打造"两环、三馆、一基地"的整体格局。其中，"两环"指内环（古村文化体验环）和外环（生态体验环），"三馆"指高绳芝潮侨文化馆、姚璇秋艺术馆、上窑村史馆，"一基地"指非遗传承与文化研学基地。

澄华街道上窑社区自来水管网因年久老化，经常出现渗漏、爆管和水

质问题，严重影响该片区7000多人的正常用水，急需尽快进行自来水管网改造。

上窖片区的自来水管网，于1995年由上窖社区集资铺设，当年社区常住人口约1800人，2001年管网归区自来水公司管理，并直抄到户。现在社区户籍人口2700多人，常住人口7000多人。因管网超龄使用，严重老化，加上村落面积扩大，常住人口增加，管网已不堪重负，经常出现水管破漏问题。片区的自来水管网是20世纪90年代的金属水管，不适应现在用水要求。

乘"百千万工程"东风，在上级有关部门的支持下，上窖的水改项目迈出坚实的一步，并举行了启动仪式。

当天的活动在一段刚劲有力的涂城麒麟大锣鼓队精彩表演中拉开序幕。市文联领导和澄海区领导分别致辞。由市文联、市民间文艺家协会分别向在纪念著名潮剧表演艺术家姚璇秋先生和传承弘扬潮剧优秀文化上发挥作用、做出贡献的有关单位及上窖社区赠送纪念礼物。

随后，来自市舞蹈家协会的文艺者表演了为致敬姚璇秋先生而创作的小舞剧《念秋》选段，并由姚璇秋先生的学生黄丽华老师带领玉窖华侨小学学生表演姚璇秋先生主演的经典剧目选段，将名角岁月中主演的经典剧目娓娓道来，让古老的艺术在新时代熠熠生辉，展示了潮剧艺术的魅力和传承的希望。

潮剧文化、潮汕嵌瓷、动物舞蹈、剪纸等，以其精湛的技艺、丰富的寓意，展现着潮汕大地的独特魅力，或深藏或散落于潮汕各具特色的古村落之中。活动现场，汕头市民间文艺家协会组织澄海区涂城麒麟大锣鼓队和林康的剪纸、徐丽钿的潮绣、林淡辉的手钩花、陈锐波的蛋雕、李燕珠的戏剧盔头、林天录的纸塑、林君锐的纸艺、王寿权的糖画等艺人参加展演，现场秀绝活。同时，展示《汕头风采百米剪纸长卷·澄海卷》，让群众感受传统文化的魅力。

■ "潮创新优势 助推百千万"——汕头市艺心助力"百千万工程"活动现场

第四章 美丽乡村建设 | 113

上窑村志

第五章

人生礼俗

潮汕文化具有悠久的历史和鲜明的地方特色，民俗是其中最具特色的组成部分。潮汕民间重视人生礼俗，一个人从出生、成年至老去，通常要经历出生、开腥、满月、入学、成人（"出花园"）、结婚、祝寿、丧葬等礼俗。

结婚习俗

结婚习俗是有一定讲究的，旧时较注重"明媒正聘"。其礼俗虽各地繁简有异，但较一致的提法和仪礼是提亲、合婚、定亲、行聘、请期、迎亲，俗称"六礼"。

旧时潮俗，凡儿女亲事必遵循古训礼俗，讲究礼节，要具备三媒六证。三媒：其一为"媒妁之言"，儿女的亲事要通过媒人从中撮合，在男女两家中传递各自的信息；其二为"父母之命"，儿女双方父母听了媒人之言，经考虑后认为可配亲，便允许他们的亲事；其三是"信物为定"，男女双方的父母允许儿女们的亲事之后，男女双方互赠一物为信物，定下亲事来。六证：新娘从家中随嫁来的六件日常必需品。升子，可量家中粮食有多少，便于精打细算，勤俭持家；剪子，用来剪裁衣裳；尺子，用来量体裁衣；镜子，用来照看容颜，美饰自己；秤子，用于称东西的轻重，便于买卖；算盘，用于算账，以知收支。

（一）提亲

提亲，即古之纳采，俗称"托媒求婚"，也就是由媒人到男方提亲事，或由媒人先给男方介绍女方情况，男方认可再托媒人到女方家提亲。

（二）合婚

合婚（合八字），旧俗的合婚有两个环节，双方提亲认可后，即由媒人把女方的姓名、生辰八字、籍贯、祖宗三代写成庚帖送交男方。3天内，若男方家里没有发生意外或不吉祥的事，如碰破碗、锅等（这叫作"三日好"），即可互换庚帖。换了庚帖再各自请人合婚，确认男女双方是相生还是相克，如果相克，则婚事只好告吹。

现在年轻人崇尚自由恋爱，虽然青年男女早已摆脱了"父母之命，媒妁之言"的婚姻习俗，交换庚帖这一旧俗也已被废弃，但不少人还保留

"合八字"这一环节。

(三)定亲

"合八字"择吉后,就进入了定亲阶段,即由男方备礼物到女方家定下亲事,也称"定婚"。礼物通常是金耳环、金戒指、金项链等金银首饰,还有白糖、面条,这是定亲的信物。女方要有回礼。男女双方都要给亲朋邻里分送糖果饼食,告知亲事已定。

(四)行聘

定亲后便行聘礼。行聘,亦称"送聘"。过去的聘礼,富有人家是金银、彩缎、猪羊、酒果,贫者则是槟榔(潮汕话中,"槟榔"是指青橄榄)、鸡酒而已。潮汕人把橄榄当作吉祥如意的象征,这是甚有特色的行聘礼物。当代的聘礼包括实物和现金,实物如白糖、面条、大橘(潮州柑)、金银首饰、衣服布料、饼食等,必备四式以上,但不能为奇数,务必是偶数。

现金也称为"聘金",分一份、两份、四份不等,都是成倍数的。在送聘中,女方要有回礼,即把聘礼中的饼食部分退还,并回赠鸳鸯蕉、

■ 送聘(肖亮生画)

橘子、猪心等。鸳鸯蕉即并生的香蕉,象征百年偕老,也有招财进宝的意思;"橘"潮汕话谐音"吉",象征大吉;猪心(一半留在女方)象征同心。双方这时还要将对方礼物中的饼食郑重其事地分赠给亲朋邻里,报告结婚喜事,亲朋邻里也要回赠礼物表示祝贺。送给新娘礼物,叫"送花粉"。

在潮汕地区的婚嫁习俗中,男女双方要各送许多彩礼,这和其他地方大同小异。但有两样东西,却是别地所罕闻。这便是:男方要给女方母亲送"洗屎肉",女方要给男方母亲送"姑鞋"。

"洗屎肉"是男方除六礼之外,送给亲家母专门享用的一片猪肉。一个女人,产下一个女儿,从小到大,母亲不知要洗多少屎布尿裤,要经历多少辛劳。如今女儿长大,要出嫁,将离开母亲到男方家当媳妇,这一块几斤重的"洗屎肉",就权当男方对亲家母的特别酬劳。

女方收到这块"洗屎肉",可收下大部分。回送"六礼"之外,要特别送上一双"姑鞋"(现在多折成金钱)。有人不解其意,说倘若男方没有"阿姑",用不用送"姑鞋"?

婆婆是男方家中最劳苦的一位。从十月怀胎,到儿子呱呱坠地,再到把儿子拉扯成人,母亲要历尽辛劳。如今,儿子就要成为女方家的女婿、半子。这双"姑鞋",就权当女方对亲家母的敬重。

送"洗屎肉"和"姑鞋",表现了潮汕地区独特的婚俗文化,反映了人们对女性的尊重和对母爱的感恩。

(五)择日(请期)

行聘礼后,男方就要选择结婚的日期,并转告女方,包括通知女方什么时候剪裁结婚礼服,什么时候"挽面"[①],什么时辰沐浴,什么时辰迎娶等。潮汕人所选择的时辰大多在深夜,潮俗保持深夜迎亲的婚俗,实是远古的遗风。在古时候,婚礼以昏为期,因此迎亲一定要在黄昏之后,甚至深夜。

---

① 挽面,是传统的美容方式,双手拉动纱线,在脸上来回翻转,将绒毛去除。

（六）迎亲

迎亲，这是新郎到女方家迎娶新娘的仪式，也是婚礼中最主要的程序。旧俗迎亲有两种，一种是新郎迎亲，另一种是男方请"好命人"代迎。当代大多是新郎自己迎亲。在迎亲前前后后整个过程中，男女双方各自要举行一些习俗活动，包括以下五个方面。

■ 迎亲（肖亮生画）

1. 洗花水

临嫁前，新娘要用仙草、石榴花等12种花草泡水沐浴，浴后穿上"五裾齐"的上衣，也称"上轿衫"，意取五福齐全。有的新娘在沐浴后，要坐在浴盆里吃下两颗熟鸡蛋，以祈婚后产育顺利。而且，新娘穿的衣服里里外外都不能缝上袋子，意在不把父母的幸运带走。

2. 分钱米

迎娶之前，新娘要"分钱米"，即把一大堆混有钱币的大米均分给家中兄弟姐妹，表示把财富分给大家。

3. 吃半碗饭

新娘出门前的早上，娘家会煮一顿4道菜或9道菜式的早饭供新娘享用，其中必定有煮猪肠、猪肚、卤菜及好合菜4款寻常菜式，而给新娘的饭要装得满满，但新娘子只可吃一边（即半碗），表示出嫁后，也要有余钱留给娘家。

4. 安床

迎亲前，新郎在布置新房时，要举行庄严的"安床"仪式。安床要选择吉日，床头朝向也有讲究。安床完毕，要将"安床大吉"和"麒麟到此"的条联贴在床上，然后叫一个男孩到床上躺一会儿，寓意早生贵子。床上要放置一对上漆的枕头，暗喻夫妻感情"如胶似漆"。

5. 接新娘

结婚当日，新郎到新娘家，用汽车把新娘载回，伴娘、阿舅（新娘的兄弟）伴新娘而至。阿舅要备有礼品到男方家，礼品除了要有一对雌雄鸡外，还要特别备上一瓶灯油，意为为男方"添丁"，有的用化妆油代替灯油。小舅子到了亲家家里，会受到热情款待。

■ 接新娘（肖亮生画）

出嫁时，新娘要带上嫁妆。嫁妆中，必须有灯、木屐、针线、镜子、梳子、尺子、米筒、草头肚兜（肚兜中夹上两株连根的草头香，即莎草）等，还要备上送给儿童的玩具和文具、送给亲朋好友的袜子。其中，带木屐取"同偕老"或"亦步亦趋"之意；带梳子象征着新娘做事有如梳头，有条不紊。有的用小孩用的小被子叠成肚兜状，在被中夹上草头，便成草头肚兜。

此外，还有以下一些习俗。

1. 五碗头合房圆

进洞房后，新娘要吃"五碗头"：龙箭鱼、猪肝煮葱、韭菜炒猪肉、肉丸、甜碗（糯米饭或芋泥）。桌上四角放4个甜杯，杯里放红糖，每夹一个菜都蘸一点红糖，意取从头到尾件件甜。鲮鱼象征能干，猪肝煮葱象征有官做、聪明、通情达理，韭菜象征长命和快发，肉丸象征团圆，甜碗取生活甜蜜，都属吉祥如意的美好愿望。新郎新娘要坐在床的两端吃合房圆，即吃甜汤圆，吃一半之后，将剩余的交换着吃。

2. 敬甜茶

结婚当天中午或晚上，男方宴请亲朋。宴会结束后，就由婆婆或新郎带新娘出来向亲友客人们敬甜茶，或者敬槟榔。敬茶的时候要严格按照辈序，婆婆或新郎要在旁边挨个教给新娘：这个是谁，那个叫什么。长辈喝下一杯喜茶，就得回赐一个红包，俗称"赏面钱"，并说上一些祝福的话语。

结婚当日，左邻右舍，男男女女说说笑笑，过来食喜糖、看新娘。新娘要送玩具、文具给儿童，送袜子给亲朋好友。

3. 返厝

结婚之后，新娘有回娘家的习俗。新媳妇回娘家叫"返厝"。有头返厝、二返厝、三返厝的风俗。第一次回娘家叫"头返厝"。时下二返厝已被简化，三返厝几乎被忽略了。头返厝有在婚后第3天或第5天的，也有在

■ 返厝（肖亮生画）

第12天、满月或4个月的。

返厝这天，新娘头插仙草和"如意"，身穿出嫁时的衣服。新郎家必备大橘、槟榔、糖饼及红包等到新娘家。这些红包是赠送给岳父岳母、叔伯婶姆等亲戚"买甜"的。礼尚往来，岳父岳母、叔伯婶姆等亲戚收到红包后，都会各增加一点钱将红包送给新郎。

之后，岳父岳母宴请新女婿。潮汕人称此宴席为"仔婿桌"。"仔婿桌"须摆设"三碗头"：一碗盛公鸡配肝胆切成"四点金"，一碗盛两条龙箭鱼，一碗盛粉丝蛋加猪肉。"三碗头"之外可多煮几道菜，总数应为双数，一般以8道菜或12道菜较为适宜。餐桌上应摆放4碟红糖，新女婿坐首席。除上辈人外，其余家人均可陪新女婿用餐。

潮汕婚嫁习俗经历代演变而有精简和变异，当代大多已废弃旧俗，从简从新。

孕妇礼俗

（一）孕期习俗

在中国传统社会中，生子添丁，是为家庭大喜事，所以人们常把怀孕形象地称为"有喜"。以前，医疗卫生条件较差，早产儿、死产儿、畸形儿，甚至产妇因难产而死亡都时有发生，"有喜"之下，其实也有忧。顺产则喜，难产则忧。

为保证孕妇的健康和胎儿的正常发育，人们便根据实践经验和迷信心理，定出了一套套禁规。例如，孕妇房里忌钉钉子，怕钉着腹中胎儿，出现死胎或生下来残疾儿；忌动土、修房屋、拆窗砌灶等，唯恐触动了胎气。孕妇忌动剪刀针线，恐怕会伤了胎神而生下残缺的孩子；忌捆绑东西，怕会生出十指伸不直或者手脚变形的怪胎，或者肚脐带缠绕在胎儿的脖子上；忌搬动大型家具、器物，更忌搬动睡床，怕会导致流产；忌接近丧事，如见棺木、祭祀、"做功德"等，怕冲伤胎儿；忌参加别人的婚礼，不能到新娘身边去，也不能摸新娘的轿子、嫁妆，或坐新娘床，怕会对双方都不利；禁食苦瓜、黄瓜，因为吃了苦瓜，怕胎儿将来皮肤粗糙，吃了黄瓜，怕胎儿身上泥淋淋；禁食沙虾，怕孩子长大后经常流泪；也禁食白虾，怕吃了孩子长大后会患红眼病；忌食蟹类，怕生出的婴儿"脚手无时歇"（即好动）；忌亲手烧焦食物，怕生出的孩子身上留有疤痕，脸上长黑痣；等等。

旧时重男轻女，女子怀孕后，生男生女便成了人们最为关心的问题。人们也就此摸索出了一套似是而非的生活经验。如"酸儿辣女"，指妊娠期孕妇喜食酸物，预兆生男，喜食辣物，预兆生女。又如"肚尖生男，肚圆生女""左腹动为男，右腹动为女""儿勤女懒"，指所怀为男，孕妇勤快；所怀为女，孕妇懒惰。

（二）分娩习俗

俗语说："十月怀胎，一朝分娩。"当一个生命在母腹孕育成熟以后，便来到人间，分娩便成了从胎儿到婴儿的转折点。潮汕民间，女人怀孕称"有喜"或"有身份"，女婿家要告知岳亲，岳亲家要送肉、蛋等礼物。禁忌送鹅、鸭、雄鸡、鲢鱼和无鳞的鱼给女儿补身子，此称为"催月"。而孕妇临盆分娩时则有一套更为严格、细密的礼仪习俗。

孕妇分娩既然是一件人生大事，这方面的习俗也就相应地多一些，如何安排产房便是其中之一。在民间，孕妇一般不能在娘家生孩子。如果临产期住在娘家，分娩时也必须转移到婆家。此俗有两种说法：一说认为出嫁女成了婆家的人，在娘家生产不合情理，如果母子在分娩时出了差错，娘家难以担当责任；另一说认为分娩有秽气，孕妇在娘家分娩会冲撞神灵，招致娘家破落、子女不吉等灾异。

过去医疗卫生条件落后，妇女分娩多在自己家里，请有经验的接生婆前来接生。现在，妇女们都到医院分娩，既安全又卫生。

孕妇分娩，不仅地点有诸多讲究，分娩行为也伴随有许多习俗。这些习俗大多是希望依靠迷信手段减少痛苦，保障安全、顺利地生产。产妇分娩前后，旧俗除由家人求神拜佛求生男、求顺产外，还常在门框结挂神符、竹青、榕树叶、仙草等物，在两扇门贴红纸，意为辟邪，也告知外人，此是产妇人家，不能随便撞入或干扰。

婴儿诞生前后，丈夫不能留在产房里服侍妻子，要和全家的男人一样离开产房。

育儿礼俗

婴儿自出生后至成年,是一个哺育、成长的过程,其间礼俗甚多,主要有"腔腊"、开腥礼、庆满月、庆周岁等。

(一)"腔腊"习俗

产妇自分娩之日至7天、12天或1个月内,要采取一系列措施,以保证产妇及婴儿的健康安全。这一保养期村里称之为"腊",其过程称为"腔腊",也称"上腊"。潮音"腔腊",意思是小心保养,小心维护。除了祈求天地、祖宗保佑之外,产妇还要包扎头巾,多穿衣服,不出门露脸,少劳作,不可沐浴,只用毛巾擦拭身子,不吃生冷食物,要炖母鸡,吃鲜鱼等能补养身体、增加奶汁的食物。

对婴儿来说,也要好好保养。一般要保持室内室外的清静,周围的人不可高声大喊,不可钉墙壁和搬动家具,也不能听到锁头声,据说是为了避免"三日锁""七日锁"等的邪煞。

7天、12天或满月,产妇、婴儿平安无事,称为"过腊"。

上述措施和礼俗既有符合科学、卫生的因素,也有迷信落后的成分。例如,从前多用土法接生,接生婆使用未经消毒的剪刀断脐带,容易导致新生儿染上破伤风杆菌,一般它的潜伏期为一周,所以,这算作一个危险期,若不严格护理,可能会遭遇不测。可见,"腔腊"的做法是含有科学道理的。如今产妇临产多到妇产院,以新法接生,旧俗所含的迷信成分已逐渐被时代潮流所淘汰。

(二)"开腥"习俗

在潮汕地区,刚刚出生的小婴儿来到这世界的第一个"节日",就是"开初",也作"开腥",即可以吃肉的意思。

昔日,由于医学技术落后,婴儿出生后数天(4~6天),脐带口

■ 开腥（肖亮生画）

未愈合，容易受细菌和病毒感染而夭亡。若婴儿12天内平安（俗称"过腊"），就预示着过了一个关卡。为了庆贺婴儿顺利度过夭亡的危险期，期望婴儿能够健康成长，潮汕民间在婴儿出生12天前后，会举行一系列的庆贺活动，俗称"开初"。

"开初"庆贺日，要选择吉日，不一定刚好12天。以前，"开初"当天，亲朋好友要送鸡蛋或贺金到产妇家，给产妇补充营养，期盼产妇养个健硕孩子。而产妇家则以下甜面或做甜糯米饭的形式向邻居或全村报喜。生女煮甜面，生男煮甜糯米饭。

当天，产妇家备办三牲（鸡、鱼、蛋）、"甜豆干"（豆干加红糖煮成）、江鱼仔、"鸡记池"（即鸡脾）等祭品敬拜"公婆神"，祭品及"公婆神"的香炉均应摆置在大水缸的木盖上，然后由母亲手抱着婴儿跪拜"公婆神"。拜毕，婴儿母亲要手持筷子夹些鱼、肉让婴儿舔一下，祭礼完毕就算婴儿从这天起"开腥"。

（三）满月习俗

当婴儿满月时，要举行庆满月活动。殷实人家要备酒席宴请亲朋吃"满月酒"，被邀亲朋要备礼物前来庆贺。外婆家也要办衫裙、肚兜、背兜、红鞋、猫帽、鸡蛋（生男取双数，生女取单数）以及酒、肉作礼，以示对外孙的疼爱，俗称"做出月"。

庆满月前常同时结合给婴儿命名、报丁、理发、拜公婆神等民俗活动。命名主要有两种方法：一种是按辈序命名，另一种是据金、木、水、火、土五行命名。命名前家人常将婴儿出生年月日时报与算命先生，推算命相，看是否五行欠缺。算命先生推算后告知为婴儿命名者，以便能在名字上体现缺什么补什么的愿望。婴儿缺水即以江、河、湖、泊等带水的字加上辈分字取名。此外，还有一种"寄名神佛"的民俗，即是抱婴儿请和尚或其他神道中人给起个神道的名，祈求神佛保佑其健康成长。人们之所以将孩子寄名神佛，不外乎是认为佛门乃超绝尘凡的所在，遁身其间，自然受菩萨、神灵的保佑，妖魔邪祟、祸患灾疾不易侵凌。另外，为儿孙起名时，不得取与前辈名字相同的字，甚至谐音的字也不行。

讲究的人家多请族长或有名望的尊长命名，称为"赐名"，表示对命名者的尊重。但普通农村人家，多是由家长随便取个贱名，如阿大、阿二、大戆等，或者男取女名，明明是一条汉子，其小名却是姑娘名字。

■ 满月（肖亮生画）

第六章 时年八节

上窑村志

"时年八节"是一句潮汕方言俗语。所谓"八节",是指一年之中8个重要的民俗节日——春节、元宵、清明、端午、中元、中秋、冬至、除夕,其中5个节日已经被国家定为法定节假日。

春 节

在潮汕,春节这个节日有狭义和广义之分。狭义是特指正月初一,故府县志也称之为"元旦""元日";广义是指从正月初一延续到初四这段时间。潮人所说的春节通常指的是广义的春节。

潮俗正月初一大早,家家户户都要于门前或阳台祭拜天公,以及家中所祀奉的神灵,企盼新年平安,行好运。

拜年是潮人最注重的礼俗。潮人拜年主要有3种类型,所行礼俗互不相同。

第一种为家人之间的拜年。早晨,晚辈先向长辈拜年,祝福长辈"新春如意""健康长寿"。然后长辈再对晚辈寄以期望,祝愿小孩子"学习进步"。

第二种为亲友之间的拜年。吃过早饭后,家人或一起或分散向亲朋好友拜年。亲友之间的拜年活动常在初一、初二的上午,故潮汕有句俗谚曰:"有心拜年初一、二,无心拜年初三、四。"说的是拜年越早越好,越早越有诚意。而主人家的茶几上也总要放着一盘红绿相间的潮州柑和槟榔,用以迎宾敬客。

第三种为同行之间的拜年。这大多是礼节性的行为,见面之后,以"发财""升官"之类的吉祥语互为应酬。昔时士大夫家还有投贺名帖拜年的。

(一)回娘家

正月初一、初二(特别是初二较为普遍),已出嫁的女儿要带着丈夫、儿女回娘家给父母拜年。这是出嫁女儿孝敬父母的一种表现。民间俗谚"行孝'走仔'(女儿)初一、二,不孝'走仔'神落天(初四),无贴无兑元宵过",说的就是这个道理。以前,女儿回娘家,要备办一大袋饼干、糖果,由其母亲分送邻里乡亲,以表达姑娘不忘乡亲之情。当家中有侄儿时，还要分发红包给侄儿。女儿吃过中午饭后，与父母小叙一番，在晚饭前便要赶回婆家，故民间俗称为"食日昼"。

（二）迎神接福

正月初四是"神落天"，家家户户要在家中祭拜，迎接诸神降临人间。祭品有红桃粿，取"开门红"的好兆头；一盘红糖，暗含生活甜蜜之意；一盘大米，意谓五谷丰登，另外还有大橘、黑豆、灯芯、纸马等。除在家中祭拜外，还要到乡中的神庙烧香祝福，感谢神"上天言好事，落地保平安"。

（三）春节禁忌

正月初一是圣日，潮俗禁忌甚多，人人都要说吉利语。这一天，大人忌打骂小孩，以免小孩啼哭不休，因为啼哭意味着"没头彩"，是新年疾病、凶祸等的征兆。如果小孩不慎打破盘、碗等器物，大人要立即说"缶开嘴（瓷器打破了），大富贵"或"勿过勿是（不要计嫌），大吉利市"等吉利话来弥补过失。

这一天不能扫地，要把扫帚藏起来，要让满地爆竹纸堆积；非扫地不可时，只用扇炉子的鸡毛扇从外边扫入，意谓"防家财外流"。此日也不要洗衣服，怕钱银失去。也忌理发，因为人们在这一天总喜欢把理发同办丧事联系起来。也忌杀牲，认为杀了无财气，当年饲养牲畜不吉利。

元宵节

农历正月十五日为上元节。当晚称"元宵",故也称为"元宵节",俗称"十五夜"。这天,多数家庭都举行祭祖仪式。

正月十六,上窖举行盛大的游神祈福活动。这天,由村里组织者,现在是老年人协会请出庙里神明,由标旗、潮汕大锣鼓等组成浩浩荡荡的游行队伍,全村巡游。各家都在门口摆供案迎神。

清明节

清明节，村民有祭祖和扫墓习俗。清明节是我国民间传统节日之一。关于此节日的缘起，历来众说纷纭。较为普遍的说法是起源于春秋时晋文公悼念介子推的寒食节。潮汕人的清明节，具有浓郁的地方特色。

扫墓，又叫"祭墓"，即在墓前祭祀祖先，以示对祖先的追思和尊敬。秦以前已有祭墓之事，但不在清明节。至唐代，清明节扫墓开始盛行，唐玄宗曾明确规定允许百姓寒食时扫墓。

为与冬至扫墓有别，清明扫墓就叫"挂春纸"，而冬至扫墓则称"挂冬纸"。

清明时节，春回大地，草木长出嫩芽，满目葱翠，生机盎然。人们便借上山扫墓之机，三五成群到野外去游玩踏青。

《澄海县志》云："（三月）三日郊游，谓之踏青。"扫墓时带上一些饮料，等扫墓完毕时，找一处干净平坦的地方，就着祭品和饮料，席地而食，边吃边观赏大自然的美景，别有一番野趣。

端午节

端午节，村民有祭祖习俗。上窖与别的地方不同，没有赛龙舟习俗。据说，以前曾举行过赛龙舟活动，但当年就发生决堤灾害。从此，村里再也没有举行赛龙舟活动。端午，又名"端阳""端正""重五""重午"等，是我国民间传统节日。对"端午"的解释，《太平御览》卷三十释"端，初也"，又训"午"与"五"通。潮俗多称农历五月初五为"五月节"。

端午节，潮人有很多民俗活动，除祭祖外，还有采草药、浴药汤、食药膳、吃粽子、赛龙舟、贮龙须水等习俗。

五月夏至，气候温湿，毒虫出没，瘟病流行，容易对人们造成危害，故古人视五月初五为"恶月恶日"，认为要施行巫术以驱除病毒。时至今日，端午节还有家家都吃粽子的习俗。

■ 乡村习俗

中元节

农历七月十五日,被称为"中元节",潮俗称"鬼节""七月半"。中元节是佛、道两教共同的节日,也是与儒家相通的节日。这节日在初唐就已相当流行。史载,唐太宗李世民统一天下后,曾在中元这一天,做万缘超度的盂兰盆会,征召僧尼两万余众,超度了七七四十九天。佛、道两家都在这一日祭起法器,为阴阳世界做功德。

儒家强调重孝道,倡导对祖先春秋二祭之外,中元节也可祭祖先。这样,中元节便是佛、道、儒三教合流,融为一体了。

上午,村民在家祭拜祖先。下午,举行施孤普度仪式,为一些没有亲属祭拜的"孤魂"施祭,愿其尽早"投胎转世",以尽行善之意。

中午过后,家家户户就在大路旁摆放桌子,为了怕施食时"小鬼"抢不过"大鬼",还特设小桌子。摆上三牲或五牲、糕粿、水果等祭品。村

■ 施孤普度仪式

里老年人协会在宫庙前面主持总祭。大约14时30分,总祭坛点响炮仗,拉开施孤普度仪式的序幕。村民们纷纷点燃香烛,全村一起施孤普度。仪式持续一个多小时。

■ 施孤普度仪式供品

中秋节

农历八月十五日为中秋节,亦称"团圆节""八月节""仲秋节"等。因农历八月在秋季中间,故名"仲秋";又因八月十五在仲秋及整个"三秋"之中,故名"中秋"。

中秋之夜的月亮最圆最亮,民间以合家团聚赏月为过节的主要内容,并视天上圆月为人间团圆的象征,所以又称"团圆节"。

潮汕的中秋节,民间习俗除传统的拜月、赏月、吃月饼外,还有剥芋、燃塔等。

村里中秋进行拜月的,主要为妇女和小孩,成年男子多不进行叩拜。村民谓拜月为"拜月娘"。月属阴,叫"太阴娘",村民管它叫"月娘"。拜月都在露天场所,城市居民在阳台、天台或自家庭院进行。

吃过晚饭后,妇女们便换上新衣,带领孩子们安好香案,摆上供品,等待月亮升起。中秋时节,柚、柿、杨桃、石榴、油甘、菠萝、林檎、芋头等果蔬,一齐登场,人们就将这些当令物产和月饼、糕点、煎堆、油饼等奉献给月娘。拜月,寄托了人们的美好愿望。一般,待嫁姑娘拜月最重要的心愿是寻求一个好夫婿。

拜月后,家人闲笑庭前,吃糕饼,喝工夫茶,赏月谈天,心旷神怡。

清嘉庆《澄海县志》曰:"八月十五日为'中秋节',士庶家以月饼相馈。"清光绪《海阳县志》载,中秋"制团圆饼,号'月饼'"。

燃塔是一种中秋夜孩童常玩的民俗游戏活动。它起源于何时尚不可知,不过清代州各县、府志对此已有所记载。清顺治《潮州府志》云:"中秋玩月……儿童燃塔为乐。"清光绪《潮阳县志》曰:"(中秋)儿童则聚瓦片结小塔燃之。"

20世纪七八十年代,村里还保留中秋节燃塔习俗。这天下午,年轻人四处收集残砖瓦片,选一个开阔的场地累砌瓦塔。小型瓦塔直径两三尺,高四五尺;大型瓦塔则直径七八尺,高丈余。叠砌的方法是取来几块旧墙土角或石条砌成塔脚,然后找来几块砖头砌起一个瓦塔门,用旧瓦片从塔脚逐层砌起来。架瓦片时注意要留空隙,两片瓦之间留一空隙,第二层就在下层的空隙处叠起来,依次砌上去。在叠砌时逐渐收缩,成塔状,最后形成塔尖,用一块砖片盖于塔尖。塔中央一般插有一根较粗的木条做塔心,烧塔时可以不断燃烧保持火势。砌塔时下面要留有"灶口",并用柴草填实塔里。黄昏时分,年轻人便把柴草点燃。燃至夜半,熊熊烈火从砖瓦的缝隙向天上蹿。这时,他们又将准备好的松香、食盐、硫黄和鞭炮往塔里撒,使之发出噼啪之声(似鞭炮声),燃起蓝色火焰,甚是好看。

冬 至

冬至是在二十四节气之一，是北半球一年中白昼最短、黑夜最长的一天，所谓"日南之至，日短之至，日影长之至，故曰冬至"。此后的白昼，便一天天延长了。冬至也是一年中的重大节日之一，有祭祖、扫墓、吃糯米丸等习俗。

村民吃冬至丸，祈求家人团聚、家族和谐团结。从前，冬至前几天，家家户户都要先将糯米舂成米粉末儿晒干。冬至前一天，吃过晚饭后，家中的主妇就开始张罗着把一个大的浅沿的箩筐摆在桌上或地上，用开水把精米粉和成粉团，然后，一家子无论大人小孩，都围坐在四周，各自捏取粉团搓成弹珠样的冬至丸，放入箩筐里晾晒。冬至丸以搓得大大小小参差不齐为好，这叫"父子公孙丸"，象征着岁暮之际一家子圆圆满满。冬至日一大早，主妇煮好红糖汤，将丸子下锅，煮成汤丸。先盛一大钵祭祖，家里的地主爷、公婆母、司命君、井神、碓神也各用一碗甜丸祭祀。然后主妇叫醒全家老少起来食汤丸，俗称"汤丸唔食天唔光""食了汤丸大一岁"。

一家人如有在外地工作的，要留一些糯米粉等他回家时做汤丸吃，以示一家团圆。

冬至，村民有上坟扫墓的习俗。按潮汕习俗，每年上坟扫墓一般在清明节和冬至，谓之"挂春纸"和"挂冬纸"。一般情况下，人死后前3年都应行"挂春纸"俗例，3年后才可以"挂冬纸"。但人们大多喜欢"挂冬纸"，原因是冬至气候较为干燥，与暮春莺飞草长，常有纷纷细雨的清明不同，道路易行，也便于上山野餐。冬至扫墓的祭品，以五牲或三牲为重，添以鲜蚶、柑橘等物及粿品。鲜蚶是必要的，取其吉利的意义。拜墓之时，还须拜墓旁的土地爷，即所谓后土之神。祭拜仪式过后，人们就在墓前聚餐。

除 夕

过年，即除夕，是一年中最为村民所重视的节日，家家户户都忙碌起来，举行各种各样的过年活动，全村到处洋溢着浓浓的喜庆气氛。

贴春联，是每家过年时的常规动作。村民提前好多天便根据自家门户数量和规格，精心挑选春联。除夕上午，家家户户便开始贴春联，正所谓"千门万户曈曈日，总把新桃换旧符"。

为了这一天，每一个家庭都要提前忙碌好多天，准备节料、拜品。除夕下午，便开始祭拜祖宗，感谢祖宗一年来的庇护，祈祷来年继续庇护。

祭拜祖宗之后，便要燃放鞭炮。以前，除了祭拜祖宗外，还要祭拜其他神明。例如，当家里水缸水桶打满水之后，用竹筷箩将井口盖住，俗称"封井"，再供上祭品，拜井公井妈（井神），待新年春节才开井。是日晚，农家除水缸要装满水外，米缸也要填满米，灯火也不能熄灭，以象征"岁岁有余""年年不断炊"的好兆头。

祭拜祖宗后，一家人围在一起吃一年之中最丰盛、最富有意义的团年饭，即围炉。

团年饭的菜式一般取象征吉祥的谐音字，如发菜谐音"发财"，有鱼谐音"有余"。吃炒蒜，寄意"会盘算，长长发"。蚶是特有的一种风俗食物，因它是两片贝壳相合，故潮俗又将蚶叫"合倍赚""壳钱"。吃蚶意取从事经营"合倍赚"，能挣钱、存钱。围炉要早，越早越好，"早食早发"。围炉时要说吉利话，当家的人要祝长辈健康长寿，希望小孩聪明晓礼，后生勤劳拼搏。

不论家人平时分散在多少个地方，在围炉之前都必须赶回来，一家人欢聚一堂，共享天伦之乐。

送压岁钱，是除夕习俗中重要的一项，家里的长辈要给小孩压岁钱，俗话叫"压肚腰"，寓意一年从头到尾腰包里都会满满实实。能挣钱的后辈也要送钱给长辈。普通的商店年终也会给店伙计压岁钱,数目的多少视经营情况、员工职位而定。亲友侨居外洋的,年终也多有寄压岁钱来。

守岁的习俗至今保留。潮俗除夕之夜,一家人品茶话旧,收看中央电视台春节联欢晚会节目,直至深夜。有些青年则在家打电话或发微信给亲友拜年;有些则约三五朋友围桌玩扑克牌游戏,或是打休闲性质的麻将,以守岁迎新春。

守岁至深夜零点,家家户户鞭炮齐鸣,迎新迎福,跨进新年,这称为"辞岁"。

上窰村志

第七章 民间信仰

宫庙信仰

潮汕人普遍信仰道教、佛教，不管是道教的神，还是佛教的佛，在潮汕都被统称为"老爷"。"老爷"中不少是功名彪炳的忠臣良将，他们百年之后，人们感其恩、彰其功、扬其德，予以祭拜，让他们流芳百世。

上窑曾有9座宫庙，现共有6座庙宇。分别为元帅爷宫、（石池）天后宫、（牡丹园）天后宫、佛祖宫、伯爷公宫、伯公宫。这些宫庙常年香火旺盛。

（一）元帅爷宫

元帅爷宫始建于清代中期，重修于清道光二年（1822）。由于修建年代久远，岁月侵蚀，圣庙多次修缮，新近一次重修是2018年。庙内供奉赵元帅爷、三山国王、文判爷。

■ 元帅爷宫

■ 二月元帅爷宫闹热

1. 赵元帅爷

赵元帅，即赵公明，又名赵玄坛、黑虎玄坛，秦时得道于终南山，道教尊称他为"正一玄坛元帅"，是道教所信奉的财神，传说他能以役雷驭电，除瘟禳灾，主持公道，求财如意。据《辞海》记载，赵玄坛的形象是黑面浓须，头戴铁冠，手执铁鞭，身跨黑虎。

清顾禄《清嘉录》卷三："（三月）十五日为玄坛神诞辰。谓神司财，能致人富，故居人多塑像供奉。"

《中国大百科全书·宗教》记载："俗祀财神为赵公明，亦称赵公元帅、赵玄坛，相传为终南山人，秦时避乱，隐终南山，精修得道，能驱雷役电，除瘟剪疟，祛病禳灾，买卖求财，使之宜利。"

■ 元帅宝殿

2. 三山国王

乾隆版《澄海县志·坛庙祠》记载："玉窖古庙祀三山国王，在玉窖乡大路。附载庙租，一本乡园一亩，租银一两，一本乡渡船租钱七千二百。里人姚启吁捐一坐落大堤边洲园八亩租银六两以上，俱为护堤之费，余为租银归庙备用。"

据此推测，上窖村曾有三山国王庙，因历史原因，庙没有了，三山国王神主位被移入元帅爷宫。

三山国王，广东粤东地区及台湾潮州籍民众所尊奉的地方守护神。三山指的是揭西县河婆镇北面的独山、西南面的明山和东面的巾山。据载，宋太宗封此三山神为国王。

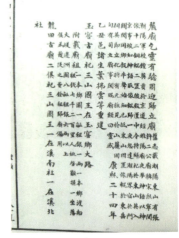

■ 《澄海县志》记载

相传，三山国王本为隋代连、乔、赵3人，因救圣驾有功而封王，镇守粤东的潮州、惠州、梅州交界处的3座名山（巾山、明山、独山）。

据《揭阳县志》《潮州府志》和《永乐大典》等记载，明代编修官刘希孟所撰之《明贶庙记》称："（三山神）肇迹于隋，显灵于唐，受封于宋。"唐代古文学家韩愈刺潮，曾于元和十四年（819）祭玉峰之界石，即东潮西惠之分界石，其祭界石文可与《祭鳄鱼文》媲美，收入《韩昌黎集》。

唐朝开始，三山神成为当地山神，潮人对三山神普遍顶礼膜拜，每年都要定期祭祀三山神。相传唐代中期，韩愈贬任潮州刺史，适逢潮州水患不断，民不聊生，于是他便向"三山国王"祈求。果然，3天后雨过天晴，韩愈随即尊奉三山为神。

到了宋朝，这三山神协助宋太宗打天下，使得宋师太原大捷，三山神受到太宗赵光义的褒封：封巾山"清化威德报国王"，封明山"助政明肃宁国王"，封独山"惠威弘应丰国王"，并赐庙名曰"明贶"。至宋仁宗明道年间，"复加封广灵二字"。其地域影响大体局限于潮汕。

传说元初张世杰奉宋少帝南奔潮州，三山神再次显灵救助少帝突围。

3. 文判爷

文判爷神位立于赵元帅爷神位左侧,村民都将其作为文曲星供奉,期盼孩子读书进步,考试顺利。

(二)天后宫

位于石池的天后宫,称"老妈祖宫",建于1828年,供奉潮汕保护神妈祖娘娘,常年香火不断。

另一座天后宫位于韩江边牡丹园,面朝韩江。因建庙时间晚于石池的天后宫,村民称之为"新妈祖宫"。

妈祖,亦称"天妃""天后",是传说中掌管海上航运的女神。

妈祖原名林默,公元960年三月廿三出生于福建莆田,公元987年九

■ 天后宫

月初九，因救助渔民而不幸遇难，年仅28岁。其父母信佛，梦见观音赐药而生之。妈祖8岁从师，10岁信佛，13岁习法术。宋雍熙四年（987）盛装登山石"升天"为神。当地居民于清康熙三十三年（1694）立庙奉祀，称"通贤灵女"。宋元明清历代均有褒封，清封其为"天上圣母"。

村里有拜妈祖习俗，每年的农历三月廿三妈祖诞辰日，是全村最为隆重的祭拜日子。当天，家家户户都会准备鹅、鸡、猪肉、甜粿、水果等丰盛供品，到集中点祭拜。而集中点则张灯结彩，上演木偶戏，热闹非凡。

（三）佛祖宫

位于和顺园的佛祖宫建于1930年，供奉如来佛、五土爷和龙爷。据说，四月初六是佛祖宫开光吉日，因此，称为"佛祖生"。当天，村民都备办丰盛肴馔前来祭拜。

■ 和顺园

■ 佛祖宫

（四）伯爷公宫

位于堤头的伯爷公宫修于大堤原址，地势很高。据说，以前韩江发生洪水，一尊老爷神像随水从上游漂流而来，到上窑地界便靠岸，不再漂流。村民认为，这位老爷看中上窑，要庇护这里村民，便将神像留下来，在韩江岸边建庙祭拜。新中国成立前，移至现址建庙祭拜。

■ 伯爷公宫

神像有胡须，因此被称为"伯爷公"。说来也神奇，上窑历史上曾遭遇决堤洪灾，自从有了伯爷公，便不再决堤，上窑也不再受洪灾影响。

伯爷公或许就是伯益公。潮汕民间例俗，每年农历三月廿九为伯爷公生，六月廿六为土地爷生。感天大帝伯益公是专管山泽之神，而福德老爷土地公是专管土地之神。伯爷公和土地爷公是两位不同的神明。

《辞海》记载：伯益，"益"一作"翳"，亦称"大费"。伯益，古代嬴姓各族的祖先。相传伯益善于畜牧和狩猎，被舜任为虞。虞者，古时官名，西周始置，掌管山泽之职。伯益为禹所重用，助禹治水有功，被选为继承人。禹去世后，禹之子启即继皇位，伯益与启发生争夺，被启所杀；一说是伯益推让，启才继承皇位。

因伯益曾掌管山泽之职，且辅助大禹治水有功，他既做不了皇帝，后人就尊他为山神伯爷，让他在民间继续保护山泽。潮语中，伯益的"益"与"爷"音相近，且伯益已被作为神供拜，当然也就有"伯爷"的尊称。

（五）伯公宫

位于姚厝地界的福德祠供奉老伯公，也称"伯公宫"。六月廿六是老伯公诞日。

潮汕民间认为农历六月廿六，是土地神圣诞之日，称"土地爷生"。土地爷，即土地神，又称"福德正神""土地公"等，其庙宇则称为"土地庙""伯公庙""福德正神庙"等。

土地神源于古代的社神，是管理一小块地面的神。《公羊传》曰："社者，土地之主也。"汉应劭《风俗通义·祀典》引《孝经纬》曰："社者，土地之主，土地广博，不可遍敬，故封土以为社而祀之，报功也。"

在中国传统文化中，祭祀土地神即祭祀大地，现代多属于祈福、保平安、保收成之意。土地神是一方土地的守护者，是与那方土地共存的神，所以通晓世事。作为地方守护神，土地神尽管地位不高，却是民间供奉最普遍的。

■ 土地爷宫

吉日信仰

（一）民间吉日信仰日子

正月初四	神落天
正月初五	食七样羹
正月初九	天恩公生
二月二十六	王公生
二月十九	佛祖生
三月十九	太阳公生
三月二十三	天后生
三月二十九	伯爷公生
四月初六	佛诞
六月二十六	土地爷生
七月初七	公婆生
七月二十二	财神爷生
七月二十四	司命帝君生
十月十五	五谷母生
十二月初六	谢神
十二月二十四	神上天

■ 三月"妈生"信仰

（二）吉日习俗

1. 神落天（正月初四）

正月初四，潮汕地区有"老爷落天"的传统习俗，所谓"老爷"是潮汕地区对神明的传统叫法。每年正月初四前一晚（年初三晚），村里许多家庭就开始张罗"迎神接福"所需的各种祭品、食物。正月初三晚11时左右开始，村民就要着手准备各种祭品；到了正月初四的零时零分，传说诸神开始降临人间，这时可以正式进行祭拜的仪式。村民说，诚心祭拜之后，诸神就会降临人间，保佑一家人平平安安，财源滚滚来。

正月初四有以下禁忌。一是，不宜远行。灶王爷回归人间要清点户口，家人都要守在家中，上供焚香恭迎灶神的回归，所以不宜远行。二是，不宜吵架骂人。旧时民俗认为，正月里初一到初四如果吵架，就会败兴一年，骂人会带来不好的运气，所以见人都要和和气气的。

2. 食"七样羹"（正月初五）

村民有食七样菜习俗，七样菜又称"七样羹"，是潮汕地区民间颇具特色的一种食俗。这天，村民把七样菜在锅中煮熟后于中午吃。

七样菜是哪七样，没有具体规定，大多以潮汕所产的大菜、春菜、芥蓝、厚合等为主，数量的多少也没有限制，可随意。其实，人日吃七样菜是有一定的科学根据的。此时，春气生，天气渐暖，菜蔬逐渐多起来。吃混合菜，能使肠胃适应季节转变。正月初七吃"七样羹"这一古老的中原习俗能在潮汕大地保留下来且历久弥新，正在于它的好意头。它让人们吃出了好心情，同时又寄托了人们期盼财运兴旺、顺风顺水、吉祥如意的心愿。

传统"七样羹"是指大菜（芥菜）、厚合、芹菜、蒜、春菜、韭菜、芥蓝等蔬菜同煮，合称"新（芹）春发（蒜）大财（大菜），久（韭）合各人（芥蓝）"。潮汕"七样羹"取蔬菜的谐音，各有美好寓意：大菜意喻发大财；厚合是合家平安；芹菜是勤快、勤劳致富；青蒜表示会算，有钱囤；春菜代表春回大地；韭菜象征长长久久。

3. 天恩公生（正月初九）

正月初九，天恩公生，也称"天公生"，传说是天界最高神祇玉皇大帝的诞辰。天公就是玉皇大帝，他是统领三界内外十方诸神以及人间万灵的最高神，代表至高无上的天。这一天，妇女多备清香花烛、斋碗，摆在天井露天的地方膜拜苍天，求天公赐福，寄托了劳动人民祛邪、避灾、祈福的美好愿望。

玉帝源于上古的天帝崇拜。殷商时期，人们称最高神为"帝"，或"天帝""上帝"。传说这是一位支配天上、地下、文武仙卿的大神。周朝及后世统治者利用天帝崇拜，鼓吹君权神授，极力宣称自己是天帝的儿子，故称"天子"。东汉后期，道教产生，道徒们便把天帝请了进来，让他当了神仙界的皇帝，并总管三界。玉皇大帝成为全民（以汉族为主）崇拜的最高神。

4. 太阳公生（三月十九）

三月十九日，是太阳公生。这一天，信女们会在炎炎烈日之下，摆方桌，供粿品、青果等，焚香祭拜日头。

潮汕这项活动起源于明末清初。据说明末清初，战乱频仍，天灾人祸迭至，官兵苛政，欺压百姓，奸淫掳掠，民不聊生。百姓为祈家人平安，祈求祖先保佑，期望能扫除孽障，逢凶化吉，庇护子孙安居乐业，遂定农历三月十九日为祭祖日。当天，各户各备办粿品鱼肉、钱纸供品，在家祭拜祈福。不料此举却被当局察觉，这天恰是明末崇祯煤山上吊的日子，因被扣上悼念前朝亡帝罪名，被下令禁止，并称如再犯，罪及全村。因此，后来每当到了这一天，群众慑于威力，都不敢擅动。过了一段时间，有一位多心计的老妇人想出了一个妙策，改在天中祭拜，并扬言此为"太阳公生"，以避罪责。

从此，相传成俗，"太阳公生"这个称谓便在百姓中流传开来。太阳星君在民间被称为"太阳神"，分量很重。太阳星君又称"太阳帝君""太阳公""太阳神""日神"，掌管至火至刚的太阳，以及日升日落、日盈日亏之事，让吉祥美好之光普照大地。

5. 公婆生（七月初七）

祭公婆神在潮汕地区非常普遍。每年农历七月初七为祭期，称"公婆生"。公婆神，潮阳尊称为"床脚婆"，揭阳尊称为"公婆母"，汕头尊称为"注生公妈"，澄海尊称为"花公花妈"。公婆神的由来，民间有多个版本的传说。相传宋代潮汕一名妇女，因为爱惜四邻婴幼儿，在街坊看管小孩，并且在哺儿育女和调教孩子方面，又有一套独特的本领，所以深受大家爱戴，美名远扬。当时皇宫中有一位皇子，出生不久便日夜啼哭，生命危在旦夕，众大臣及御医却想不出办法来。皇帝无奈之下贴出皇榜，招募民间贤妇，进宫调教、医治皇子。应者寥寥，皆不中用。消息很快传到这位潮汕妇女耳中，她便决定上京一试。她想：皇太子也是人，没有什么难调教之理，幼儿疾病也并不可怕。她进宫后，皇太子在她的悉心护理和调教下，不久病就好了，人也规矩了，不再吵闹啼哭了。

公婆神的设置很特别，每一户人家不止设一个神位，而是在一个家庭中分辈序和房份要分别再设若干位，再下一代人成家后，每一房份也要设一个神位。在老夫妇亡故以后，才可撤去那位公婆神的神位，尔后不再祭拜。家祭的公婆神不立偶像，只用一个瓷碗做香炉，放置在房里旧式四角眠床的床下或床里的木架上。

由这间住房的主妇焚香祷祝，保护孩子们平安，然后燃蜡烛、火化纸钱，祭拜礼仪便告结束。有些家庭除每年七月七日祭公婆神外，还要在除夕与元宵再祭，表示从年头到年尾都对公婆神敬重与虔诚。

6. 五谷母生（十月十五）

每年农历六月十五和十月十五，潮汕俗称"五谷母生"。五谷母又称"五谷大帝""五谷神""五谷爷"，谐音称"五角母"，是潮汕民间崇奉的农业祖神。神农氏教百姓耕作，是五谷之神。五谷母之所以有两次神诞，有两说：一说潮汕水稻一年两熟，为报答神恩，故行夏秋二祭，时间定在两次收成后的月中，即农历六月十五和十月十五；一说五谷神诞原来是六月二十六，满清入关后，清王朝为试探民心，试行政令，遂定十月十五为五谷神诞，令民易时祭拜，人们终于照办。于是，这个节日也就流传下来。

7. 神上天（十二月二十四）

农历十二月廿四，对于农村来说，关系最密切的是灶神，俗称"孙面公"，就是我们常说的"司命帝君"，简称"司命公"。传说灶神知道我们每一天做的事，不管好事坏事，等到灶神在腊月廿四神上天后，他都会把这所有的事禀报给玉皇大帝。潮汕地区有一句俗话——"司命公直奏"，说的就是这个意思。所以，在这一天，潮汕农村地区的人会在灶神上天之前祭拜糕点或者是各种粿，把他的嘴封住，这样他就禀报不了了。

其实，司命公的来源，在潮汕农村地区也是有一个传说的。据说古时候有一个穷人，玉皇大帝最小的女儿看上了他，偷偷下凡到人间和他结为夫妻。后来这件事情被玉皇大帝知道了，玉皇大帝非常生气，就把小女儿贬到了人间。由于王母爱惜小女儿，出面向玉皇大帝求情，最后玉皇大帝网开一面，只允许女儿在腊月廿四返回天庭，过了正月初四以后又得回到人间，同时，把女婿封为司命帝君，让其深入了解人间善恶、兴衰，然后禀报给玉皇大帝。

宗祠信仰

（一）上窑宗祠祭祖日

1. 黄氏宗祠

十月二十五日晋主日。

特殊祭日：春分、秋分、除夕。

2. 高氏孟祖祠

三月初三晋主日。

特殊祭日：清明、七月十五、冬节、农历十一月二十、除夕。

■ 高氏孟祖祠祭祖

3. 高氏宗祠

农历十月初一晋主日。

特殊祭日：清明、七月半中元节、冬节、农历十一月二十日、除夕。

■ 高氏宗祠祭祖

4. 姚氏宗祠

三月初二晋主日。

特殊祭日：春分、秋分、七月十五、冬节、农历十二月二十八。

■ 姚氏宗祠祭祖

5. 林氏宗祠

九月二十八晋主日。

特殊祭日：正月十五、清明、五月初五、七月十五、八月十五、冬节、除夕。

■ 林氏宗祠祭祖

（二）上窖黄氏宗祠思成堂升龛晋主行祭仪轨

（1）鸣钦，鸣鼓三通：一通鼓，再通鼓，三通鼓。

（2）鸣礼炮。

（3）奏大乐开中门。

（4）恭请主祭者就位，恭请陪祭者就位，恭请诵读祭文者就位，恭请诵读嘏辞者就位，恭请各房陪祭者就位，司事者各司其事，肃立。

（5）盥洗。奏大乐，奏祥曲。盥洗，整冠，洗毕。

（6）上烛上香，奏大乐。跪，全体与祭者皆跪。上烛上香：一上香，再上香，三上香。叩首，再叩首，三叩首。兴——平身复位。奏祥曲（引、主、随祭者合掌，在大案前绕3圈）。

（7）祭祝文：奏大乐，奏祥曲。全体与祭者皆跪，祭祝文、乐止，诵读祝文。叩首，再叩首，三叩首。兴——平身复位。

（8）鸣钦，鸣鼓，奏大乐，奏祥曲。献礼、跪，献酌、献馔、献饭、献茶、献福首、献芙榴、献帛。叩首，再叩首，三叩首。兴——平身复位。

（9）祭嘏辞，侑食，奏大乐，奏祥曲。跪，全体与祭者皆跪。祭嘏辞，饮福酒，受福胙。乐止。诵读嘏辞，诵读完毕。叩首，再叩首，三叩首。兴——平身复位。读祭文者焚祭文，司帛者焚帛。

（10）全体与祭者敬献黄氏太始祖考、峭山公府君、黄氏太始祖妣、上官氏太夫人、吴氏太夫人、郑氏太夫人，以及历代列祖列宗考妣之神位前，行三跪九叩首礼：跪，叩首，再叩首，三叩首，平身；再跪，四叩首，五叩首，六叩首，平身；三跪，七叩首，八叩首，终叩首。兴——平身复位。

（11）上香拜祖。

请澄海黄氏宗亲会领导和代表上香拜祖：跪，叩首，再叩首，三叩首。兴——平身复位。

请澄海黄氏各分会宗亲代表到神位前上香拜祖：（有请黄氏澄成分会、黄氏坝头分会、黄氏外砂分会，有请黄氏莲阳分会、黄氏溪南分会、黄氏樟东分会，有请黄氏隆都分会、黄氏上华分会）跪，叩首，再叩首，三叩首，兴——平身复位。

本族宗亲请上香拜祖：跪，叩首，再叩首，三叩首，兴——平身复位。

全体陪祭者及礼生到神位前行三叩首礼：跪，叩首，再叩首，三叩首，兴——平身复位。

撤馔：玉窖黄氏思成堂重光晋主祀祖仪式礼成，兴——鸣炮，奏大乐。

（12）有请玉窖黄氏思成堂副会长致欢迎词。

（13）有请玉窖黄氏思成堂会长讲话。

（14）有请黄氏澄海宗亲会会长讲话。

各位宗亲，玉窖黄氏思成堂重光晋主得到各位的热心参与和大力支持，请各位起立，举起手中的酒杯，祝玉窖黄氏思成堂源远流长，祝各位宗亲身体健康、家庭幸福、事业有成、生意兴隆。干杯！

2014年12月16日（农历十月二十五）

（据《上窖黄氏族谱》记载）

（三）晋主日：一场人神共乐的狂欢

中国文化源远流长，作为中国文化中的一朵奇葩，宗祠文化同样令人惊叹。在潮汕，宗祠文化尤其发达，分布在潮汕乡村的一座座祠堂，供奉着潮汕子民的列祖列宗，是潮汕人认祖归宗的所在。

建村于南宋、至今有700多年历史的上窖村十分重视宗祠建设和祭祖活动。在这里，清明、中元、冬至、除夕这几个传统节日举行盛大的祭祖活动，除此之外，各个祠堂每年特定的晋主日，更堪称一场人神共乐的狂欢。2023年4月21日农历癸卯年三月初二，我们亲历了上窖姚氏宗祠的晋主日，见证了这一特殊仪式的隆重、庄严、祥和、圆融。

三月初二上午，阳光不燥，微风正好，姚氏宗祠门外彩旗飘扬，人声鼎沸。"京都府尹家声远，皇封秋卿世德长"的鎏金对联，昭示着这个家族的渊源；搭在祠堂门口的戏台上，一出《皇姑嫁何人》铁枝木偶潮剧一大早就唱响了，踩着"大戏"鼓点络绎不绝前来上香的都是姚姓族人；供桌上，红烛高烧，香烟缭绕，三牲、大粿以及各种时令水果应有尽有……上午10点50分，吉时到，随着三声礼炮响过，祭拜仪式正式开始，全体子孙肃立，身着长衫的族长高声诵读祝文，子孙对着祖先牌位三叩首，三敬茶，三敬酒，敬献三牲、官服、钱纸之后，整个仪式圆满结束。

祭拜仪式结束之后，祠堂外再次燃放鞭炮，摆放在外埕的几个硕大的炉子蒸笼也在此时生起火来，妇女们把供桌上的祭品陆续端出，回炉加热，然后，几十张圆桌在祠堂内外摆开，原本供桌上的祭品经过加热之后，变成热气腾腾的美味佳肴被端上子孙们的餐桌，一场盛大的家族宴会——"食桌"红红火火地开始了。

潮汕民俗称设宴为"做桌"，赴宴就是"食桌"。晋主日赴宴"食桌"的，主要是本姓族人子孙，还有部分亲戚和街坊邻里也受邀前来，围坐"食桌"的族人乡亲在大快朵颐、觥筹交错间相互问候，畅叙世情，因此，晋主日不仅是一次敦睦乡情乡谊的机会，更是一场人神同乐的狂欢。

（文/李晓犟）

"营老爷"习俗

每逢闰年正月十六"营老爷",这是上窑村自古流传至今的传统民俗活动。

当天,家家户户的女人早早就行动起来,在自家门口支起供桌,把事先准备好的各色供品摆上,并点上香烛,恭候"老爷"圣驾光临。上窑村现存6座庙宇,分别供奉着元帅爷、三山国王、文判爷、妈祖、福德老爷等众多神明,他们都是上窑村的"保护神"。"营老爷"就是将诸神像从庙里请出来,到村子里游行,在一个地方举行拜祭仪式,然后再送回神庙安放。

按照传统习俗,游神队伍出发之前,必须在队伍必经之路先喷洒红花水。红花实为石榴花,被潮汕人视为吉祥物,有驱邪之功效,喷洒红花水的任务主要由乡里德高望重的妇女负责。几声礼炮响过,游神就正式开始了,穿着绫罗绸缎长袍马褂、戴着礼帽的是村里的"乡绅",也是村里最受尊重的老人走在队伍的前面。紧接着是打扮得花枝招展、扛着标旗的年轻姑娘。紧随其后的是鼓乐队,包括拉二胡、弹古筝、吹箫、敲锣、打鼓等器乐演奏,他们在演奏的同时还伴随一些"炫技"表演,比如敲锣的乐手会在某个节点同时把手中的锣高高抛向天空,再接住,动作整齐利落,每每赢得喝彩声一片。

■ "营老爷"习俗

游行队伍中最令人期待的除了诸位"老爷"之外，还有轮番上演的各种民间舞蹈，其中，阵容恢宏的潮汕英歌舞堪称"重头戏"，也是每场"营老爷"活动的"标配"，72名青少年舞者迈着较简单的舞步，以变幻多端的队形和生龙活虎的气势，舞出了潮汕英歌舞的豪迈威武，令人叹为观止。紧接着，步马舞、麒麟舞、舞龙、舞狮"你方唱罢我登场"，队伍所到之处，锣鼓喧天，鞭炮齐鸣。夹道观看的村民的热情也越来越高涨，欢呼声响彻云霄。

"营老爷"活动一般要持续一整天，全村上下全民参与，不少外出务工的年轻人也都会尽量赶回来。据说，能有机会参与"抬老爷"是一件很荣耀的事，虽然辛苦，但年轻人乐此不疲，在他们看来，这是对家乡传统文化的一次贴近，也是一种传承。尽管他们来自不同的家庭，有着不同的职业和不同的生活，但他们心中都拥有一个"老爷"，都希望"老爷"保佑他们一路顺遂。

上窑村志

第八章

特色产业

以前，上窑村农业耕种为主，抽纱、潮绣、草袋等传统手工业十分发达，特色农产品白葛粉远近闻名。改革开放后，在上级和村党总支正确领导下，依靠区位优势，发展毛织、玩具、机械、印刷、包装、五金等工贸业，辖区内有办证企业近600家，拥有深圳立讯精密（澄海）公司、骅青科技发展有限公司、广东韩江机械有限公司等品牌企业。

白 葛

白葛是上窑的特色农作物。据说，白葛在清朝中期由"过番"的村民从泰国引进，并进行培养种植。

白葛具有清热生津、透疹解毒的功效。因新鲜白葛难以长期保存，当地村民将其磨成粉后晒干，制成白葛粉出售。

据说，上窑白葛与众不同，皮白肉厚，清甜多汁，药用价值高。同样是白葛品种，在别的村种植，不是产量不高，就是药用价值低。上窑白葛一直受到本村和周边群众的喜爱，远近闻名。

■ 白葛

在那缺医少药的年代，这可是一种治疗麻疹的"灵丹妙药"。白葛是一年一造，春种冬收。种白葛难度最大的莫过于"留种育苗"这一环节。冬季收获时，选取个体大的白葛连同藤头一起搬回家，放于温湿的地方，待到春季藤头开始萌芽抽梢时，便移到田头培育出藤叶。芒种时节，再用快刀切出一两节藤条做种苗，在田畦中培植一周后就可移植到大田进行布种。

这样经过近7个月的精心栽培，到冬至前后，方可收获。

白葛像地瓜一样，属多年生缠绕草质藤本植物，块根较粗，呈纺锤形，表皮及肉为白色。每株块根重十来斤，亩产5000斤左右。

村民将白葛块根磨成淀粉，100斤白葛块根可出产淀粉4斤多。

潮汕沦陷时，由于麻疹流行，村里种白葛进入鼎盛时期，全村700余亩地近三成种白葛；人民公社化时期，出现麻疹高发期，100斤葛薯曾一度卖出2000多元的天价。而在正常年份，种白葛的收入也比种地瓜高出3倍。20世纪60年代初，村集体组织规模化种植。当年村里还专门在江边建设小码头，配有帆船运输队。到了收获季节，20艘帆船载满白葛，扬起白

■ 上窖白葛

帆,浩浩荡荡地开往潮州城销售,不用三两天,一船船白葛就被抢购一空。据说此事还被民间艺人编入名产歌谣。

随着上窖城镇化的发展,传统的种植业已经远去,至2023年,仍有黄旭松、黄旭文、黄桂钿、黄泳青、黄克武、黄壁歆、黄焕成、姚成广等村民还坚守田野,从事传承了几百年的白葛种植。

【附】《汕头都市报》报道文章

上窖白葛,灵丹妙药?

在那缺医少药的年代,这可是一种治疗麻疹的"灵丹妙药"。白葛是一年一造,春种冬收。种白葛难度最大莫过于"留种育苗"这一环节。冬季收获时选取个体大的白葛连同藤头一起搬回家,放于温湿的地方,待

■ 白葛种植

到春季藤头开始萌芽抽梢，便移到田头进行培育出藤叶。芒种时节，再用快刀切出一两节藤条做种苗，在田畦中培植一周后就可移植到大田进行布种。说到这里，老人笑呵呵地说："说来奇怪，以前邻村有人也学着种白葛，但无论产量还是药效都无法跟上窖比，自然而然种的人也就越来越少，甚至不种了。"

老人讲"葛史"

为揭开白葛的神秘面纱，记者在居委干部的陪同下，来到居委老年人协会。为了让记者更好了解上窖的"白葛史"，他们最终"推选"78岁的老农黄就明和村里原"生产头"吴潮坤作为"新闻发言人"。两位老人异口同声说上窖种植白葛的历史起码在百年以上，白葛种则是村里人早年从广西引进的。潮汕沦陷时，由于麻疹流行，村里种白葛进入鼎盛时期，全村700余亩地近三成种白葛；人民公社化时期，麻疹出现高发期，100斤葛薯一度曾卖出2000多元的天价。而正常年份，白葛的收入也比种地瓜高出3倍。20世纪60年代初，村集体组织规模化种植。当年村里还专门在江边建设小码头，配有帆船运输队。收获季节，20艘帆船载满白葛，扬起白帆浩浩荡荡地开往潮州城销售，不用三两天一船船白葛就被抢购一空。据说此事还被民间艺人编入名产歌谣。

年代遭"割白"

谁也没有想到，能"救死扶伤、治病救人"的白葛也难逃一劫。老人们回忆说，在"大割资本主义尾巴"的年代，每户只许养三几只鹅鸭，多一只都不行，村里的白葛也未能幸免，被列入被"割"的对象，不久，往日遍

地皆是的白葛被颠倒是非地"割白"，上窑村里再也找不到白葛的踪影。眷恋白葛的人们心如刀割，甚至伤心落泪，因为他们早已把白葛当成命根子。

"割尾巴"运动刚刚结束，村民萌发了重新种植白葛的念头，遂四下寻找白葛种苗。然而派出的人虽然走破脚皮、晒破面皮、磨破嘴皮，好长时间都是一无所获，空手而回。精明能干的村民黄竹苞（我爷爷）突发奇想，独辟蹊径走进澄城附近的外埔村，最后在一户人家庭院的花圃里惊喜发现一株长得茂盛的白葛。那时的他别提有多高兴，遂摇动三寸不烂之舌，最终将这株重30多斤的白葛买下来，恭恭敬敬地把它迎回村里，精心呵护，悉心栽培。久违多年的白葛终于失而复得，又在上窑这片热土扎下了根。

忘不了"葛种"

经历这场变故，村民益发热爱白葛，黄竹苞自不待说。记者来到竹苞儿子黄焕成家（我家）中。只见他家门口停放一部磨薯机，旁边几只竹筐中装满了白葛藤头，记者以为是废弃物，黄焕成（我爸爸）笑着说："别误会，这些藤头也可作药用，这两三筐至少可卖三四百元。"进门一看，几乎所有的东西都与白葛有关，电视柜旁也放着几瓶已标明价格的成品白葛粉。记者探过头一看，上面写着"特级每斤180元""一级每斤120元"……刚一坐定，记者就问："如今上窑已划入城区，不少人都办厂开店，你为什么不愿改行？"

老实巴交的黄焕成说："既是父命难违，也是日久生情！"坐在旁边的黄焕成胞姐听到这里，遂接过弟弟的话头讲起一件难忘的故事。他们的父亲黄竹苞77岁那年得了病，医治无效，弥留之际眼睛总是睁着，深情地望着自己的儿孙。围在床边的子孙们明显感觉到老人还有未了的心愿，有话吩咐。黄焕成于是把耳朵贴近父亲的嘴。老人断断续续问家中有没有留好白葛种。黄焕成姐弟将已搬回家的白葛种拿给父亲看后，老人家又一字一顿地吩咐："白葛是传家宝，无论如何，世世代代都要种好。"说完老人便安详地离开了人世。

从此黄焕成不但遵循父亲嘱咐每年都坚持种白葛，规模也不断扩大，而且还种出了名堂，成为村里响当当的专业户。结束采访前，黄焕成告诉记者，他每年种植白葛五六亩地，生产的白葛粉几乎年年供不应求。

养鹅和卤鹅

　　澄海是狮头鹅的故乡,卤鹅是传统美食,上窖的养鹅和卤鹅历史悠久。

　　以前,几乎家家户户都养鹅。鹅作为家禽可以贩卖赚钱,也可以自家食用。每年的农历三月二十三妈祖诞和七月十五这两个日子,家家户户都要准备一只或多只卤鹅作为祭品。以前都是自家养鹅,自家卤制。现在,大家都直接到卤鹅店买现成的,省去许多麻烦。

　　狮头鹅为中国农村培育出的最大优良品种鹅,也是世界上的大型鹅种之一。狮头鹅原产地系广东饶平县浮滨镇,经潮安古巷传入月浦后在潮汕各地广泛饲养。澄海白沙原种场从潮汕农村各地精选优良鹅种,经过该场全体科研人员的努力,在总结潮汕各地饲养经验的基础上,提纯、复壮、精选、繁育、培育出白沙狮头鹅。新型鹅种在体形、毛色、体重上,均比传统狮头鹅优。

■ 卤鹅配料

现在，除了重要的日子需要整只卤鹅外，卤鹅肉仍是村民日常的主要食材。

卤鹅做法复杂、用料多样，从一只鲜活的狮头鹅变成卤鹅，美味的背后细节繁多，选材、配料、做法都不可忽视。配料以酱油、冰糖、桂皮、砂仁、豆蔻、八角、南姜，加调酒、蒜头、香菇等制作而成。

卤鹅做法不能光看卤水，选材原料也很重要。选用的鹅本身质量要

■ 卤鹅制作

好，不需要滋味浓厚的老汤补味，卤出来的鹅肉肉质肥美，香滑入味，肥而不腻，鲜味十足，而且没有腥异气味。

卤鹅主料：10斤左右狮头鹅1只、酱油500克、肥猪肉250克。辅料：精盐、南姜、冰糖、调酒、川椒、桂皮、丁香、芫荽头、香茅、白豆蔻、干花椒等。

因为每只狮头鹅的大小不一样，卤的时间也不确定。

现在，村里经营卤鹅档的有黄盛隆等村民。黄盛隆平时每天都卖出好几只熟鹅，到了妈祖生、七月十五、过年等日子，则每天要卤100余只熟鹅。

■ 卤鹅

广东韩江轻工机械有限公司

　　乡贤黄锐龙创办的广东韩江轻工机械有限公司（简称"韩江机械公司"）是一家集自主研发、设计、制造、销售及全球技术服务于一体的科技型创新企业，技术创新长期处于中国制罐机械行业领先地位。

　　韩江机械公司一直坚守"追求品质，不忘初心"的工匠精神，致力于研发先进制罐机械，产品涵盖二片罐、三片罐、旋口瓶罐、啤酒罐、饮料罐、食品罐、奶粉罐、气雾罐、化工罐等智能自动化生产线。其中，自动大罐缝焊机、粉末喷涂机、方罐组合机、焊缝补涂感应烘干机、二片罐生产线、旋口瓶罐曾填补了国内制罐工业的空白，感应烘干机节能技术为全球领先。产品销往德国、法国、日本、意大利、南美洲、东南亚、中东等国家和地区。

　　经过30多年的发展，韩江机械公司已经形成先进的生产经营模式，拥有花园式的厂区及现代化工业厂房，数字化办公系统。现有员工100多人，其中科技人员30多名。

　　韩江机械公司设立国内第一个金属制罐智能装备工程技术研究中心，企业被国家科技部列入国家"火炬计划"扶持企业、国家创新基金项目单

■ 广东韩江轻工机械有限公司

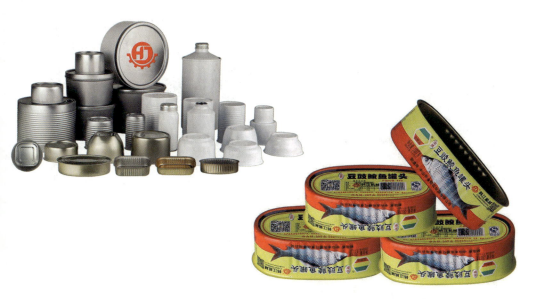

■ 韩江机械公司产品

位,是广东省民营科技企业、广东省著名商标企业、高新技术企业。设立博士后创新实践基地、广东省博士工作站、广东省科技专家工作站。

目前,拥有10多项国家发明专利和70余项实用新型专利,多项产品荣获中国包装联合会金属包装容器委员会"突出贡献奖"、中国罐头行业"科学技术奖"和"科技创新奖"。

企业先后与国内龙头企业奥瑞金和中粮包装签订二片罐生产线,并且顺利交付使用。2019年9月,韩江机械公司与宝山钢铁股份有限公司、上海宝钢包装股份有限公司就推广优质环保材料覆膜铁项目,举行了战略合作签约仪式。这是澄海企业凭借实力与央企、世界500强企业的一次深度合作。

2017年,讲述韩江机械公司秉承工匠精神、专注研发制造的故事《铁罐变形记》登上了央视《匠心智造》栏目。该栏目是央视继《大国工匠》之后推出的一档记录中国企业数十来年秉持工匠精神、打造匠心产品的大型高清纪录片。

《铁罐变形记》片长约15分钟,主要讲述韩江机械公司研发团队花费多年时间攻破技术难题,成功研制出一种新型金属罐的故事。最终成功研

■ 韩江机械公司产品

制出的这种新型金属罐,也再次填补了国内行业的空白。对于这个艰辛的过程,节目这样评价:"这种坚定一方面来自从业多年来对趋势的判断,另一方面也是做技术出身的他们对于这一行发自内心的热情。近30年的追求,凭借的不只是一腔热情,更多的是常年的勤勉和坚韧,精益求精,在时代浪潮中,留下了一段独具匠心的故事和印迹。"

韩江机械公司发展历程

1991年2月，与客户签订第一台后进料缝焊机，同年7月交付使用。

2003年，韩江机械公司研发出国内首台焊缝粉末补涂机，填补了国内产业空白。该产品被列入国家科技型中小企业技术创新项目。

2005年，荣获中国知名制罐机械十佳品牌。

2006年，研制出第一台世界首创的焊缝补涂感应烘干机。

2007年，午餐肉方罐多工位组合机列入国家级"火炬计划"，是国内唯一一台质量达到国际标准的午餐肉方罐多工位自动一体机。同年，韩江机械公司成为业内第一家省级高新技术企业。

2008年，韩江牌被评为"广东省著名商标"。

2009—2012年，公司积累了多年的二片罐生产线设备技术经验，并成功地将多套二片罐生产线销往东南亚和中东国家。

2010年，FMPT-5A粉末喷涂机、HJGP04-3DD感应加热烘干机和HJ-06FG午餐肉方罐组合机等产品获得中国罐头行业科学技术奖。

2011年，被评为汕头市认定企业技术中心；经广东人力资源与社会保障厅批准公司与广东工业大学建设博士后创新实践基地。

2013年，获得中国包装联合金属容器协会颁发的特别贡献奖。

2013年，第一台韩江机械自主研发的感应烘干机成功出口到德国，随后成功进入意大利、日本等机械制造强国市场。

2014年，新一代数控二片罐系列生产线获得中国罐头行业科技创新奖。

2015年，与法国某大型制罐企业签订二片罐生产线销售合同，于当年6月交付使用。

2015年，CNC覆膜铁二片罐多模生产线项目，荣获中国罐头工业协会创新大奖。

2016年，研制成功的覆膜铁旋口二片饮料罐生产线被列入2016年度国家首台（套）重大装备目录。

2017年，荣获中国罐头工业协会颁发的2016年中国罐藏食品优秀装备供应商。

2017年，公司牵头起草行业标准《QB/T 5024—2017 罐头食品机械罐身补涂烘干机》发布；公司与广东工业大学建设制罐技术及装备产学研基地。

2018年，2L啤酒罐获得中国罐头工业协会中国罐头工业技术进步奖。

2018年，获准建设广东省博士工作站。

2020年，获准建设广东省科技专家工作站。

2021年，参与起草的国家标准《GB/T 40871—2021 塑料薄膜热覆合钢板及钢带》发布。

2021年，连续26年获评广东省守合同重信用企业。

2021年，获得中国包装联合会金属委员会设备组技术创新奖金奖。

2022年，1L覆膜铁啤酒罐被评选为广东省名优高新技术产品。

2022年，与俄罗斯制罐厂的签订三片罐生产线销售合同并交付使用。该生产线参与俄罗斯当地相关部门的揭牌仪式。

2023年，获得汕头市第四届市长杯工业设计大赛主赛事产品组金奖。

2023年，FH10电阻焊缝焊机赠予汕头工业展览（公元厂）。

2013—2023年，连续10年被评为"广东省诚信企业理事单位"。

2013—2023年，与上海宝钢包装、西藏宝钢、劳特巴赫（1L及2L啤酒罐）、奥瑞金和中粮包装等国内大型制罐企业签订二片罐生产线销售合同，并顺利交付使用。

汕头市澄海区正益设备有限公司

　　乡贤黄锐彬创办的汕头市澄海区正益设备有限公司，是一家专业从事制罐设备研发、制造、销售的国家高新技术企业。

　　公司成立于1998年，占地面积6000平方米，拥有汕头市智能制罐设备工程技术研究中心，是广东省民营科技企业，连续15年被评为"广东省守合同重信用企业"，多项产品通过欧盟CE安全认证且被认定为广东省高新技术产品。

■ 正益设备有限公司正门

公司主要产品包括自动缝焊机、罐身内外补涂机、罐身高频感应烘干机、多功能桶口提耳补涂机、桶口提耳高频感应烘干机、花篮桶码垛机、花篮桶封膜裹包机和花篮桶栈板堆垛机等制罐设备。

2015年以来，相继成功推出每分钟500罐的食品罐生产线及国内首屈一指的每分钟70罐化工桶生产设备。产品广泛应用于气雾罐、啤酒罐、食品罐头、午餐肉罐头、水果罐头、奶粉罐、涂料罐（桶）等金属包装产品的生产制造，多项产品填补了国内空白。

创新无止境，服务是纽带。公司针对主营产品的总体结构、智能程度以及设备性能进行研究开发。企业内部立项50余项，获得授权专利20余项，其中，发明专利4项、实用新型专利18项、外观专利2项、软件著作权6项。及时响应市场需求，进行科技成果转化，达到了同行业领先水平，形成大量具有自主知识产权的成果，提升了公司主营产品的核心竞争力。

■ 正益设备有限公司产品

■ 正益设备有限公司展厅

为强化企业的综合实力，推动公司的技术进步，公司积极与高校合作，于2018年与广东省粤东技师学院合作成立了"校企合作基地""技师工作站"。公司为高校人才提供实训基地，同时公司与高校共同研究行业难题，创新突破。以高校的人才输入、共同研究的成果输出作为企业发展的新动力，互惠互利。

公司一直以"质量是根，诚信为本"赢得口碑，秉持"持续改进，精益求精"理念促进行业进步，为"中国制造"贡献力量。创新无止境，服务是纽带。公司以优质的产品和服务获得广大客户的一致好评，产品在国内占有较高的市场份额，同时销往东南亚、中东、非洲、中南美洲、东欧等40多个国家和地区。

汕头市澄海区佳宜纺织品有限公司

广东省汕头市澄海区佳宜纺织品有限公司由上窖乡贤黄和乐创办，1994年成立，位于澄海区澄华工业区，占地面积约1万平方米。

佳宜纺织品有限公司是一家专业生产针织面料（包括粗针、细针）的企业，是经国家相关部门批准注册的合法企业，主营服装、家纺、鞋料、工艺面料。

澄海是"中国抽纱"两大发源地之一，纺织服装工业源远流长。改革开放以来，澄海充分利用侨乡优势，通过"三来一补"，兴起"三资"企业，发展民营经济，使纺织服装工业步入发展快车道。同时，采用内外联手的方式，实行遵循市场法则的产业链招商，通过合作经营，使毛织服装业能够更加敏捷地捕捉国际市场的变化和商机，从而进一步提升澄海毛织服装业的产业档次，增强产业竞争力，成为仅次于玩具礼品行业的第二支柱行业。澄海区先后获得"中国工艺毛衫名城""中国工艺毛衫出口基地""中国玩具礼品之都"等称号。

得益于澄海区的产业发展和集群效应，近30年来，佳宜纺织品有限公司保持健康稳健发展，公司秉承"客户第一，诚信至上"的原则，在产品质量和服务方面，深受广大客户好评。公司一直以"精

■ 佳宜纺织品有限公司厂区

织细染巧印，产品以质取胜""产品不断创新，服务不断优质"为方针，形成了一套以产品创新、质量和服务为主的完整体系，为澄海区和周边的工艺、毛衣针织等企业提供优质原料，产品销往全国和欧美、中东、东南亚等地区，为澄海区工艺毛衫、玩具礼品行业的发展做出贡献。公司现有织布机近200台，员工近100人。

■ 佳宜纺织品有限公司生产车间

■ 佳宜纺织品有限公司仓库

上窑村志

第九章 文化传承

上窖村民风淳朴，重视文化传承。南宋末年，朝奉大夫姚中孚在此开基落户。明崇祯六年（1633），上窖姚氏14世姚士裘中举人，获解元称号，曾任新会教谕、刑部主事。清嘉庆年间，诗人姚天健，著有《远游诗钞》，以诗驰名江淮间。

近代，出现潮汕著名画家高振之。高振之住上窖沟尾高厝，出身书香门第，清末秀才，善画墨竹、鹌鹑。他的风竹、霜竹、雨竹、露竹、晴竹劲挺多姿，各具神韵，尤以"指竹"闻名。

当代，出现著名潮剧艺术家姚璇秋、教育家黄宇智。

姚璇秋从艺73年，矢志不渝地追求艺术，把初心、使命写在舞台上，在党组织的关怀、培养下，姚璇秋与潮剧这个古老的剧种共荣发展，塑造了一个个生动的艺术形象，在潮剧舞台上兢兢业业，用艺术生涯践行了"为人民而唱、为人民抒情、为人民抒怀"的初心和使命。

黄宇智，出生于上窖。历任汕头大学教务处处长、招生办主任、汕头大学高等教育研究所首任所长、广东省高等教育学会副会长，是改革开放后广东第一代高教研究学者。

上窖还曾有乡村潮剧团，在舞台上活跃了几十年。目前，上窖有两个文化项目被列入非物质文化遗产保护名录。

非遗项目：玉林斋儿科

汕头素有"海滨邹鲁"之誉，辖下的澄海区位于韩江下游，依山傍海，明朝就建县制，人文底蕴深厚，民间中医药有广泛的群众基础。中医师承的方式由来已久，位于澄华街道上窖村林厝内林氏玉林斋中医儿科，至今已传承8代，绵延270多年。

相传清朝年间，一位朝廷医官因得罪权贵，避难到上窖村，得林氏先祖悉心照顾。为报林家恩德，这位医官悉心传授林家先祖中医儿科诊治方

法，临行之际，还赠予宫廷医书及秘方。现在，上窑林氏每年农历五月初四都会举行一个祭拜仪式，纪念这位授医的医官。

清乾隆十年（1745），林钦昊于书斋玉林斋附设医寓，为乡民治病疗伤，成为玉林斋第一代传人。他主攻中医儿科，并立下家训——"悬壶济世，施医行善"。此后，数代裔孙均继承其儿科医业。

玉林斋医寓传人十分勤奋，在传承这位医官技艺的基础上，结合平时行医心得，先后有6代传人分别手书及手绘图解9种医籍，数量达几十本之多，涵盖了中医儿科"麻、痘、惊、疳"等病症的诊断和方剂，形成林家系统的独门中医儿科。

玉林斋家传儿科对四大病症的诊断及治疗验方、医案的著述现存有如下书籍。

《幼科必知》毛笔手书本，以歌赋形式表述，内容涵括临床诊断与常见病治疗方法。

《林氏祖传秘授脉诀》毛笔手书本，林氏祖传秘授脉诀的论述。

《林氏祖传论痘日期诀》毛笔手书线装本，痘科方剂目录。

《林氏祖传疳积妙方》毛笔手书本，儿科疳积分类与用药方剂的集录。

《惊风论与验方》毛笔手书线装本，小儿惊风病因及用药准则、验方的集录。

《林氏祖传秘方书》毛笔手书线装本，民国十七年（1928）重校，综合论述儿科常见病的病因和用药的效应。

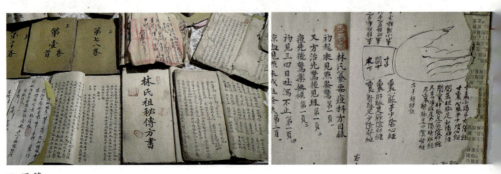

■ 医籍

《林氏祖传痘科医案与验方》毛笔手书线装本，记载治疗痘疹的验方与医案及"快斑散"与"外抹消毒散"配方。

《林氏祖传儿科验方》毛笔手书线装本，治疗儿科常见病验方集录。

《林氏祖传验方》两册，毛笔手书本，介绍鸡肝散、口疮散等家传中药散配方，专治小儿疳积患眼与小儿（成人）口腔溃疡配方、治疗麻疹十二方。

林氏后世谨守祖训，潜心修行，岐黄之术日渐精湛。嘉庆年间，澄海知县幼儿患顽疾，多方求医，总未奏效。后闻名到玉林斋求医，效果显著，药到病除。知县深为感动，特赠送一块亲手所写的"禵祼生春"牌匾。这块牌匾一直被林家视为珍宝，代代相传，遗憾的是，牌匾毁于"土改"时期。

■ "禵祼生春"牌匾

现保存在第七代传人林喜钦医寓的这些手书医籍、验方及药丸、药散的配方，是一笔宝贵的中医文化遗产。2014年4月3日，《汕头特区晚报》在《汕头好家风》特别栏目中，以《一个中医世家的守与变》为题报道了"玉林斋"中医世家事迹。

2020年，玉林斋中医儿科诊治被列为澄海区第八批区级非物质文化遗产代表性项目，澄华街道上窖社区卫生服务站为保护单位。第七代传人林喜钦成为代表性传承人。

传承谱系

代别	姓名	性别	出生时间	传承方式	学艺时间	居住地址
第一代	林钦昊	男	约1750年	师传	乾隆年间	澄海
第二代	林名园	男	约1785年	师传	嘉庆年间	澄海
第三代	林爵嵩	男	约1820年	家传	道光年间	澄海
第四代	林川济	男	约1850年	家传	同治年间	澄海
第五代	林继衍	男	约1885年	家传	同治年间	澄海
第六代	林叙坤	男	1910年1月	家传	民国年间	澄海
第七代	林喜钦	男	1954年7月	家传	1970年	澄海
第七代	林楚花	女	1972年9月	家传	1988年	澄海
第八代	林柏青	男	1983年8月	家传 院传	2003年	澄海
第八代	林玲玲	女	1979年7月	家传 院传	1998年	汕头
第八代	程耿斌	男	1977年7月	家传 院传	1998年	汕头
第八代	陈少冰	女	1985年11月	家传 院传	2004年	澄海

【附】《玉林斋四字歌》

玉林斋四字歌

姚望新

玉窖林氏	中医世家	悬壶济世	源远流长
清朝年间	祖建斋馆	名号玉林	潜心岐黄
纾难解忧	治病救人	最为推崇	施医行善
通贯内科	擅长儿科	屡立奇功	誉满城乡
嘉庆澄邑	知县幼子	身缠重疴	延祖疗伤
药到病除	亲赐牌匾	禖褓生春	美事一桩
先祖勤勉	日间行医	夜里著录	结篇成章
麻痘惊痫	祖传秘方	卷帙浩繁	堪称宝藏
先有祖训	后守家风	二百余载	代代相传
绵延至今	欣逢盛世	晚辈努力	光大发扬
一门六医	人才济济	内外妇儿	各有所强
开设诊所	造福故里	望闻问切	妙药良方
崇尚医德	精益求精	承先启后	杏林飘香

非遗项目：潮汕人过番传说

过番，是潮汕人的通俗说法，指移民或侨居到外国谋生。明代嘉靖年间到民国初期，是潮汕人过番的主要时期。民间文学《潮汕人过番传说》反映了这段波澜壮阔、可歌可泣的历史。目前，《潮汕人过番传说》被列入汕头市第八批市级非物质文化遗产代表性项目名录。

《潮汕人过番传说》以民间文学的形式流传上百年，包括"史事传说"和"人物传说"两部分内容。

"史事传说"部分波澜壮阔，可歌可泣，叙述了潮汕人过番近400年的历程，包括明代海商行动、红头船下南洋、汕头开埠和民国过番浪潮四个历史阶段的潮汕人过番行动。

明代后期，潮汕商贸，尤其是海上贸易空前活跃，南澳岛甚至成为中国海上私商交易中心。嘉靖年间，以"海禁""海盗""海商"为主线的行动，在闽粤沿海铺开，潮汕地方社会急剧动荡，社会秩序和地方权力结

■ 红头船始于雍正元年

构发生重大变化。

许栋、许朝光、谢策、洪迪珍、林国显、徐碧溪、吴平、林凤、林道乾、曾一本、魏朝义等海上豪杰，纷纷私造双桅大船，广带违禁武器，收买奇货，远航海外，与番船夷商易货贸易。

后来，在官兵的围追堵截下，吴平、林凤、林道乾等海商集团已无法在潮州及附近海域立足，遂出走南洋，在菲律宾、泰国、越南、柬埔寨等地区寻找新的落脚点。这种无可奈何的选择却成就伟大创举，而他们也成为潮人批量移居海外的开拓者，为潮汕人开辟一条过番之路。

清朝开放海禁，合法化的红头船畅行东南亚，带动了清代以来潮汕的第一次过番高潮。这部分的内容有红头船催生商界巨贾、洋船债应时而生、潮人拥有庞大船队、北上远至琉球、南下远航东南亚、背个市篮去过番等。

汕头开埠，外国列强的轮船长驱进入汕头港，潮汕社会结构因此发生变化，潮汕进入第二次移民浪潮。之后，由于战乱、灾害等因素，民不聊生，许多潮人不得不选择过番，一波又一波的潮汕人过番浪潮，一直持续到新中国成立前夕。

"人物传说"部分收录了20位人物系列故事，有明代海商传奇人物的过番先驱，有红头船时期的风云人物，还有富有家国情怀的著名侨领。

这些人物故事，许多脍炙人口，娓娓动听，流传甚广。

《吴平：最有传奇色彩的海商人物》收集《吴平南澳激战俞大猷》《吴平南澳藏宝》等故事。

《中国殖民伟人林道乾》则收集《林道乾占据台湾》《"海盗"摇身成"官兵"》《林道乾转战南洋》等。

《泰皇郑信传奇》记述的是澄海籍人郑信在暹罗遭遇缅军入侵，他组织义军奋起反击，打退侵略者，被军民拥立为新皇，改国号为泰国。郑信在位15年，史称"吞武里王朝"。

《高满华家族传说》收集《高满华过番》《高晖石、高绳芝建设汕头埠》等。

《慈簧家族神话》讲述了黄利家族陈焕荣、陈慈簧、陈立梅、陈守

■ 当年樟林古港盛况（蔡为盛画）

明、陈守镇四代人的创业故事，其中有《水鬼佛成船主佛》《慈黉爷传奇》《大富翁陈立梅》等。

《新加坡"菠萝大王"林义顺》讲述新加坡华侨林义顺的故事。他过番之后，经过奋斗成为新加坡的种植家、实业家、大富商，有"菠萝大王"之称。同时，他也是杰出的民主革命活动家和爱国侨领，是孙中山在南洋革命活动的重要支持者和参与者，很早便在侨居地南洋和故乡潮汕进行革命活动，是两地反清运动的播火者之一。

《佘有进开创新加坡甘密时代》讲述了出生月浦村的佘有进的故事。他18岁时只身赴新加坡谋生，25岁时成为船舶业的代理人，数年后发达致富，成为新加坡种植胡椒、甘密之首创人，还创立专为潮人服务的慈善机构——义安公司。佘有进在当地拥有相当大的权势，当时流传"陈天蔡地佘皇帝"的谚语，其中的"佘皇帝"，指的就是佘有进。

一百多年来，过番传说广泛流传于潮汕及东南亚的潮人社会。20世纪初，澄海上窖人姚子煌过番到新加坡，收集了潮汕人过番故事，并在南洋和潮汕两地乡亲中讲述，成为《潮汕人过番传说》的第一代传人。

董伟南从继父、第二代传人董从振传承了《潮汕人过番传说》，并加以讲述,成为第三代传人。

姚望新从叔辈、第三代传人董伟南传承了《潮汕人过番传说》,成为第四代传人。

《潮汕人过番传说》通过明代海商传奇、清代红头船、汕头开埠、民国时期四个阶段,记述了从明代嘉靖年间到民国初年近400年的过番历程。

这些波澜壮阔可歌可泣的过番传说,其实就是潮人的过番史,也是潮汕历史的组成部分,有重要的历史价值。

当中20个人物的故事,都富有浓郁的文学色彩,娓娓道来,引人入胜,扣人心弦,或令人心潮澎湃,或令人顿生感慨。如以吴平、林凤、林道乾等为代表海上豪杰,配备武装,集团化运作,亦商亦盗,时正时邪,纵横于闽粤海域。在惊涛骇浪中,与朝廷玩起猫与老鼠的游戏,你来我逃,逃不了就打,打不赢就跑,而且,一跑就跑到海外,甚至建立殖民地,称王称霸。

红头船时期的郑信更是一位传奇人物,这位潮汕人过番人后代,在战乱中挺身而出,组织民众成功击退外敌侵略,被推当上国王。郑信当上国王后,致力于推动中泰的友好往来,为潮汕人过番打开更宽广的路径。

收集传承《潮汕人过番传说》,对做好新时代"侨"的文章、联侨引侨聚侨和讲好汕头故事都有重要的现实意义。

■ 董伟南向姚望新传授《潮汕人过番传说》

■ 姚望新整理的《潮汕人过番传说》

村里曾有潮剧班　　村民唱村民演

澄海区澄华街道上窖社区，在20世纪50年代曾经有一个"上窖潮剧班"，名扬四乡六里。每逢时年八节，上窖潮剧班在郑厝祠堂旧址的老戏台亮相，鼓乐声作，周围的村民纷纷过来看戏，把戏台围得水泄不通。如今，老戏台由于年代久远，已不复存在，日前，记者采访当年上窖潮剧班的潮剧演员黄爱国，听耄耋老人回忆当年往事。

上窖村依江而立，环境优美，民风淳朴，在20世纪五六十年代，老戏台位于村里郑厝祠堂旧址，到戏台看潮剧表演是上窖村村民唯一的娱乐方式，更是上窖村的一方特色。现年82岁的上窖村北厝内村民黄爱国回忆，20世纪50年代的老戏台十分简陋，台面不大，根本没有舞台装饰，潮剧班演职员有四五十人，最鼎盛时有50多人。老人家至今还记得，当时潮剧班团长是一位住在上窖村高厝内的年轻人，名叫郑有才，每一台戏都是他负责组织演员登台献演。

黄爱国是澄海区华富人，7岁的时候，由于生活窘困，年幼的黄爱国被送给上窖村北厝内一户黄姓人家当养子。黄爱国的养父在纸影戏班以做纸影戏为生，人称"花螺"，因此，黄爱国在纸影戏班长大，从小耳濡目染，对潮剧非常喜欢，加之天赋异禀，10岁时，他参加上窖潮剧班，就能登台唱戏，是老生行当。黄爱国说，最初他在潮剧《穆桂英》中扮演杨宗保，后来在潮剧《卖鹅庆寿》中扮演卖鹅的老头、在潮剧《变天剑》中扮演民兵、在潮剧《江姐》中扮演警长。

82岁黄爱国老人和上窖社区党总支部副书记姚忠生回忆当年潮剧班往事。

上窖潮剧班在郑厝祠堂老戏台唱戏，属于村里人自娱自乐的项目，演职员都是村里的"泥腿子农民"。他们放下锄头变身演员，演出颇受村民的喜爱。每逢时年八节戏台唱戏，老戏台前都是人头攒动，不仅村里人来看戏，很多外乡人也过来看戏。然而，当时由村集体提供的微薄经费买不起演出服饰，潮剧班根本没有一件戏服，上台演出的戏服都是从澄海岭亭潮剧班借来的，乐器也仅有几把。

黄爱国回忆道，当时澄海每个村都有一个潮剧班，演员都是"义务兵"，没有酬劳。每当农闲时，大家就登上戏台，有模有样地唱起戏来，这是全村人仅有的消遣方式。20世纪六七十年代，每个村里都以年底"记工分"的形式发放粮食，在潮剧班做戏的演员就得到"工分"，多分到一点粮食。随着黄爱国的缓缓述说，时光好像倒转到粮食匮乏的年代。

黄爱国在潮剧班里摸爬滚打一辈子，不仅会登台做戏，唱念做打样样内行，还学会打鼓，50多岁时，黄爱国在潮剧班从演员改行做打鼓师傅。如今，82岁的黄爱国是澄海冠山潮乐社成员，每周两次到冠山潮乐社打鼓是他老年休闲生活的"固定节目"。

潮剧唱腔优美柔媚，韵味十足，深受村民的喜爱。当时，看戏是上窑村民唯一的娱乐方式，上窑潮剧班为村民带来欢乐，见证了上窑村悠久的历史文化。在历史的变迁中，老戏台已经不复存在，也在人们的记忆中慢慢消失。听着黄爱国的描述，仿佛历尽沧桑、繁华落尽的老戏台上鼓乐声作，在这里演绎过喜怒哀乐，演绎过一幕幕悲欢离合的人世间故事，它默默地见证着上窑村的苍生变迁，传承着村落特有的文化内涵，也培养着从村落走出来的潮剧艺术人才。据悉，著名潮剧表演艺术家姚璇秋，就是上窑姚氏派系第23世裔孙。

（原载2023年9月21日《汕头日报》，文/陈文惠）

上窰村志

第十章

人物

上窰创乡700多年来，人才辈出，出现了许多乡贤名达。

名 人

（一）京府尹姚中孚

姚中孚，字伯信，宋朝咸淳十年（1274）赐进士，授京府尹朝奉大夫。离开官场后，在上窖村隐居，是上窖，也是澄海姚氏的二世祖。其墓地在上华镇观音山，至今仍保存完好，是澄海区境内珍贵的一处宋墓。碑文为："宋墓考伯信姚公，妣郡君吴氏。"墓碑边勒铭文小字："公讳中孚，字伯信，咸淳十年赐进士，受京府尹朝奉大夫。"

乾隆版《澄海县志》中《墓域》称："宋，朝奉大夫姚中孚墓在中外都观音山。"

姚中孚的父亲姚毓英，字子阳，籍贯福建晋江，宋理宗淳祐二年（1242）任潮州统制，1252年期满之后回故里定居。后来，澄海境内姚氏均奉姚毓英为澄海姚氏始祖。①

■ 姚毓英

■ 姚中孚

---

① 参见澄海县县志编纂委员会办公室编《澄海县志》（清嘉庆），1986年印刷，第105页。

（二）明解元姚士裘

姚士裘，字启传，上窖姚氏14世祖，崇祯六年（1633）中举人，获"解元"称号，即科举制度中乡试第一名。曾任新会教谕、刑部主事。

乾隆版《澄海县志》有3处记录姚士裘。

《国朝》载："刑部主事姚士裘墓在苏湾都西陇乡。"

《园第》载："姚刑部士裘第世居玉窖乡，其祖宋咸淳进士，京府尹中孚隐居于此。至裘大，父乡宾可用，建屋四楹门，环龙头塘前，为青龙坝堤。天启间，裘父赠刑部文学，崇始徙居县东门前，为别业，名闻莺山房。佘学士志贞（康熙己未进士）、杨太史钟岳（顺治进士）读书于此。今为其胞侄振先书屋。"

■ 第14世祖姚士裘

《选举》载："姚士裘，崇祯举人。"

清嘉庆《澄海县志》有传。据记载，姚士裘性情恬静，童年时即不随便谈笑，俨如成年人。及长，喜好古文、诗词，才华骏发。中举人后，清正自持，不敢以势迫人。乙酉年（1645）澄海贼寇黄海如攻陷县城，诸绅家多数因势力过大而遇害，而士裘家安然不被骚扰，住在他邻近的人也都得以免祸。崇祯末年，绅士们都剥削乡里为自己牟取厚利，士裘却深自贬抑，尤其能关心应兴办、改革的事，凡事有关大众利益的，他都努力推行，所以为人民所推服。①

《澄海县志》还收入他为《王槐轩文集》写的序。全文如下：

---

① 参见澄海县县志编纂委员会办公室编《澄海县志》（清嘉庆），1986年印刷，第262页。

王槐轩文集序

主事姚士裘邑人

学以治心，行以适用，文以传其学与行。苟文之高下浅深，能各如其量，皆足以为天下之至文。余窃观夫今之学则不然：导利以学，欺世以文，竟不知"行"为何物。故其文虽奇丽辩博，驰骋今古，自以为至矣，败坏之祸，世实受之，得非学与其行者非欤？余少时阅澄海邑志，其文质，其事核，始记所谓槐轩先生者。及交先生曾孙季翁，得读先生《半憨集》，大端酬应之作，要无饰说而有实用，益慨慕其为人。乃考逸行，纪宦迹，又见其泽在乡者，乡之人至今尸而祝之，因叹风俗人心，嘉、隆间一时之盛，非偶然也。当先生之时，虽刚方狷洁，不容于世，而当世名卿巨公，识者犹见推许，其风俗人心，视今日又何如也？闻先生为文辄弃去，或录之，则戒其勿传。呜呼！先生之学盖笃于行，不欲以文自见于世。先生不欲以文自见，此先生之文所以可传也。[1]

---

[1] 澄海县县志编纂委员会办公室编：《澄海县志》（清嘉庆），1986年印刷，第392页。

（三）武举人高中

高中，武举人，上窖高氏先贤。乾隆版《澄海县志》中《武举》载："高中，下外人，乾隆壬午。"即乾隆壬午年，高中中武举人。

嘉庆《澄海县志》选举表载："清代中武举人又姓高氏只有一人：高中，下外人，乾隆壬午。"

后高振之重修《华窖高氏族谱》，在谱中三房华山公之三房务实公三房派世系图里，高中的身份有了更详细的记载："日光，讳中。武生，乾隆壬午科举人，娶叶氏、李氏。"

（四）诗人姚天健

姚天健，字行轩，清代澄海上窖人。工诗善词，著有《远游诗钞》。饶锷《远游词钞跋》云："澄海姚行轩先生天健，嘉庆中以诗驰声江淮间，词学稼轩而时有屯田风味，故吐辞豪不坠俗，丽不伤雅，与其诗实足并传。"

神山作为明清时期澄海八景之一，风光秀丽，底蕴深厚，周边文人墨客游览神山后，留下了众多的诗文。上窖诗人姚天健也有诗文传世。从这些诗

■ 姚天建像

里可看出诗人多次游览神山，诗中描写了神山的众多景致及诗人与冠山人的交往。

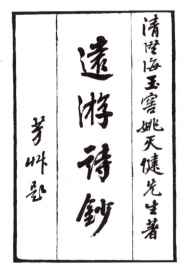

■ 姚天健《远游诗钞》书影

（五）红头船人物高满华

高满华，族名就富，又名廷楷，字崇实，号楚香。1820年，高满华出生于上窖高厝"青窗内"，祖辈以耕田捕鱼为业。高满华幼年聪敏豁达，勤劳耐苦，深得长辈喜爱。他从小就有大志，决心长大之后干一番事业。

20岁时，他决定离开家乡亲人，出洋到泰国谋生。那年初冬，高满华在乡亲的引导下，身缠水布，背起市篮和20多斤甜粿，便出发前往樟林港。上窖与樟林相隔几十里，但水路相连，在村里渡口就可坐小船直达樟林港，然后上红头船。

■ 高满华

经过近一个月的海上颠簸，高满华终于来到泰国。潮人到南洋后，无论是务农、捕鱼，还是当店员、卖苦力，都勤劳刻苦、勇敢无畏、仁义礼信、自强不息。他们与当地人民和睦相处，一起生活，共同创业，共谋发展。是金子总会发光，他们当中不少人成了豪商巨贾、名人政要，成为当地经济、文化和政治生活中举足轻重的人物。

在异国他乡，举目无亲，高满华初以打工当苦力换口饭吃。当时，曼谷有家华人商号叫高元盛，经营出入口生意。老板原籍福建，知悉高满华姓高，是同宗族人，遂雇用满华在店里帮工。

■ 高满华故居

高满华为人勤劳朴实，又善于谋划生意，工作出色，得到老板器重。老板便派他押运红头船载货物来往曼谷、香港之间，协助经营商务。

高元盛店主对高满华青睐有加，帮助他娶金氏女为妻。数年之后，高满华开始经营小生意，逐步积累资金。

1850年，高满华在香港创办"元发行"，经营进出口贸易。这是华人在香港创办的首家南北行，开张之后即受追捧，业务迅猛发展。次年，澄海人黉利家族创始人陈焕荣，也看好这市场，在香港开办"乾泰隆"，潮安人则创办"合兴行"。它们是华人在港最早开设的老商号，成了南北行最早的"三鼎足"，对后来香港的贸易起了示范和推动作用。

高满华儿子高学能从小被父亲送回澄海读书，后中举人，再返回泰国。高学能才干过人，善于经营，与父亲同心协力，开拓生意。经过多年努力，1871年，高家从原来做进出口生意，转行碾米加工，在泰国华人中首创火砻业，用机械碾米。泰国盛产水稻，大米是其支柱产业，高家采用机械碾米，使产能发生质的变化，泰国的大米出口量大幅度提高，高家事业蒸蒸日上，为此后的发展积累了雄厚的基业。

在经商当中，他们与当时泰国商界杨开烈、吴勋臣诸人感情深厚，互相指引提携，相得益彰，生意拓展更快。在泰国、新加坡和中国的香港、广州、汕头等地均有商号。当时，香港和新加坡，以高元发商号，经营出入口贸易，在汕头创办嘉发银庄，印发票号，在市面流通。又在广州开创毓桂堂药材行，在日本开办企业，出入口生意迅速发展。

高满华一贯重信守义，在商界具有崇高的威信。他曾在高元盛号打工，后来高元盛号的儿辈经营不善，高满华感念当日高元盛号老板的仁德，特地资助数千金，使高元盛行得以复兴和发展，深得商界赞誉。

高满华、高学能父子商界事业如日中天，还热心公益事业，出资出力，在广州创建"八邑会馆"，在香港创办东华医院，向贫苦民众施医赠药，对文化教育事业也慷慨解囊，深受社会好评。

高满华儿子高学能、高晖石（学修）和孙子高绳芝，都成为著名的民族企业家，也都是汕头埠的创业者之一。汕头埠的第一根"电报杉"（电线杆）、第一封电报、第一条电线、第一只电灯、第一通电话、第一个水龙头……都有高氏家族的贡献。

(六) 高氏家族第二代掌门高学能

高学能 (1841—1909),字舜琴,号常瑛,楚香公嫡子。赐封拣选知县、加五级,诰授中宪大夫,晋封资政大夫,赏换花翎,任八旗官学教习。

高学能出身旅泰华侨家庭,自幼学习中文,清末光绪己亥年 (1900),考中戊子科举人,和丘逢甲同科,后无意仕途,只身前往日本经商,几经奋斗,遂成日本关东地区举足轻重的华侨巨贾。长子高绳芝亦为举人,高学能、高绳芝为澄海历史上为数不多的"父子举人"。

高学能聪慧达雅,卓尔不群,接受民主思想和科学精神,绝意仕途,重返泰国佐理父楚香公经营商务,成为高氏家族跨国产业第二代掌门。

高学能多才善贾,志向远大,眼光开阔,经营有方,勇闯天涯,起步曼谷,开拓领域,创办多家商号。打理高元发行及元发盛行之日本、新加坡等地的业务。

高学能志存高远,独当一面,东渡日本经商,主营泰米和潮汕棉布,几经辗转奋斗,成为日本有名的侨商。力推高氏家族生产潮汕纺织产品,组织海外贸易,为创建潮汕品牌做出了很大的贡献。

（七）华侨实业家慈善家高晖石

高晖石（1874—1932），字学修，天资聪颖，学识渊博，是清庠生。在澄海学成之后，于光绪年间往暹罗。高学能和高晖石均是商界能人，他们继承父业，继续拓展国内外商业企业。高氏在泰国创办的机械火砻业，从原来元发盛一家，扩展到元金盛、元得利三家。从此，高氏成为当时潮州九县的富商之一，也是泰华商界巨擘。

■ 高晖石

高晖石热心侨社和慈善文化事业，是泰国中华总商会发起创办人之一，首任泰国中华总商会会长，连任6届共12年，又是潮州会馆创建人之一。曾受泰国五世皇御封为子爵，是在泰国较早受到封爵的华人之一。

1922年，潮汕遭受"八·二"风灾，他发动海外侨胞捐资救灾，并带头捐资与侨胞共同创建"澄海便生医院"。

高晖石不但在泰国发展商务，还与侄辈高绳芝密切配合，抽调资金在汕头兴办民族工业。他们投资兴办汕头自来水股份有限公司，继而于1908年在澄海首创振发织布局，引进日本新式织布机械，聘请日本技师传授织布技术。同年，又投资20万银圆，创办汕头开明电灯股份有限公司，于翌年11月供电。1911年，又集资2万银圆，架设汕头至澄海有线电话。此外，还在汕头开办绵发、昌发两家机器榨油厂，为家乡兴办工业做出贡献。

(八)辛亥革命"着花红烈士"高绳芝

高绳芝(1878—1913),原名高秉贞,上窖乡人,与其父高学能先后考中举人。高绳芝为泰华商界巨擘高满华之孙、大慈善家商高晖石之侄。历任汕头总商会会长、汕头民政长、全潮民政财政总长,是清末民初潮汕著名的华侨实业家、民族工业先驱和社会活动家。

■ 高绳芝

高绳芝出生在战乱频仍的年代,目睹了中国被列强瓜分,受尽欺凌,为祖国的羸弱被欺而深感痛心。由于较早地接受了民主思想和科学精神,他认为要使祖国强大,就应建立自己的民族工业,走实业救国的道路,因此决意从商。此时,他的父亲高学能到日本独当一面开创事业,成为日本有名的侨商,而另外一个能够支撑起高满华家族企业的高学修也一直支持高绳芝在国内发展民族工业和家乡公益。高氏家族经过两代人的悉心经营,已经有了一定的经济基础,为高绳芝兴办实业提供了强大的保障。20世纪初,他着力在汕头开展民族工业。

高绳芝在潮汕地区创办的第一家企业——振发布局就设在原本家庭织布业就有比较长历史的澄海县城。他高价引进日本的先进织布机械和织布技术,聘用日本技师,使得振发布局成为当时潮汕地区仅有的采用先进技术的企业。在创办澄海振发布局的同时,他已经把眼光投向被辟为通商口岸的汕头。开埠之后,在外贸经济和本地新兴经济的双重刺激下,汕头的工商业有了大幅发展,但城市的用水和电力这两大基本问题没能得到解决,这大大影响了汕头的整体城市化进程。由于投入所需的资金巨大,办自来水厂和电厂急待解决的事情一直停滞不前。

在普宁人方仰欧等人创办的昌华电灯公司因资金不足、严重亏损而停办的情况下,高绳芝顶着巨大压力创办了商办汕头开明电灯股份有限公司。他大胆从昌华电灯公司赎买土地和机器,于1903年开始动工兴建,1909年11月开始发电。高绳芝除了自己投资之外,还公开向社会招股募集资金，创办之初共募得股额20万元。他用这些募来的资金购买了英国制造的在当时比较先进的锅炉和蒸汽机，电机容量640千瓦，月发电量55万度。这样的设备在当时可谓十分先进，发电量基本能满足人们日常的生产生活所需。

接着，他又于1907年开始筹备兴办汕头自来水股份有限公司。1910年开始动工兴建水厂，1914年开始营业。公司采用招股方式，集资经营。高绳芝原计划集资100万元。起初招股还算顺利，所募款项基本到位。后来由于政局不稳、社会动荡等原因，实际收到股金仅有68万元。在这种情况下，他还是克服了困难。水厂厂址选在距离汕头埠10公里的潮安大鉴乡，办事处则设在汕头乌桥直街。水厂全套设备都是从美国引进的。在市内各大街小巷的地下铺设1至12英寸①不等的镀锌管、生铁管和陶瓷管3种水管，源源不断地为市民提供清洁的自来水资源。

除此之外，高绳芝于1909年投资2万元，架设了潮汕地区第一条长途电话线路——汕头至澄海的有线电话。1911年，他以已经架起的电话线路为基础办起了汕澄电话公司，成为潮汕民用电话的先驱。自此，汕头具备了水、电、通信等基础设施，这在初级条件上大大加速了汕头城市经济的发展。高绳芝在投资基础设施的同时，也投资创办了汕头绵发、昌发两间机器榨油厂，并出资填筑汕头海坪，扩大市区面积。

高绳芝在汕头和澄海所进行的投资活动，几乎全是工业性投资，资金周转慢，基建时间长，耗资巨大。如果没有远大的欲振兴民族工业的雄心，是难以在那个风云突变的年代艰难坚持下去的。开明电灯公司创建之初，由于汕头的城市规模小，电灯用户数量少，公司不能满负荷发电，整体效益受到影响，亏损严重。但自从汕头有了水电设施，各行各业随之发展起来，埠市经济日益繁荣，需要用电的户数日益增多，电灯公司开始扭亏为盈，走上相对良性的发展道路。资料记载，到1918年，电灯公司一年便可盈利1.1万多元。

正是高绳芝的努力，为潮汕民族工业的发展奠定了基础，使汕头初具

---

① 1英寸为2.54厘米。

现代城市规模。也正是在高绳芝的带动下，有更多的华侨回国投资，汕头电话公司、轻便铁路、汕樟公路等一系列通信、交通基础设施相继开工投入使用，有了基础设施的保障，潮汕地区的城市建设和经济发展相较周边而言明显加速。

高绳芝成功了！他与叔父高晖石联手打天下，壮大了家族产业，成为潮汕首富。高绳芝赞助社会公益事业的资金也越来越多。更难能可贵的是，高绳芝是建设汕头埠的功臣。他创建了汕头的自来水公司、电灯公司、汕澄电话公司，把汕头带进了全国市政建设前10名城市的行列，开启了汕头人文明生活的方式。

高绳芝走实业救国道路，造福了一方，做出了卓越的贡献。高绳芝是一个具有民主主义思想的人，清政府的腐败让他认识到只有推翻帝制，实行共和，国家才有出路，民族资本家才有出路。于是，他义无反顾地投身孙中山领导的资产阶级民主革命，成为革命党人。他曾捐款支持1907年丁未黄冈起义和惠州起义，并负责后勤工作。辛亥革命前夕，他出任汕头商会会长。辛亥革命时，他个人出资10余万元，帮助革命党人先后光复潮梅各县，其后"输财不下40万"。

民国的建立，让高绳芝看到了能够专心办实业强大祖国的希望。可是现实总是残酷的，由于不同革命军队互相争夺地盘，光复后的汕头陷入混乱，这不免让他心中美好的梦想破灭。为了地方安宁，向来无心仕途的他不得不临危受命出任"全潮民政财政长"，终日周旋在各军阀之间。他的不懈努力，避免了各军火拼局面的出现。但是，社会动乱岂是一朝一夕所能停止的？之后动乱不断出现，使得高绳芝在与军阀的周旋和自身事业的维系中耗去了大量资金和精力，再加上昔日革命战友许雪秋等人惨遭杀害，在多方打击之下，高绳芝终因操劳过度而病情加剧，于1913年年末在澄城病逝。

高绳芝病逝后，被民国政府批准为丁未"着花红烈士"。为缅怀高绳芝支持辛亥革命和致力地方公益事业的功绩，1934年，民国政府在汕头市中山公园建"高绳芝纪念亭"纪念他。高绳芝纪念亭亭名由胡汉民手书，还勒有一块石碑。碑文如下。

■ 高绳芝纪念亭

　　古称不朽者三，立功其一也。辛亥鼎革，十三司令同时莅汕。需饷巨，人心岌岌焉。绳芝先生出私财十余万济师，秩序以定。林司令激真，别以惠阳军至，主客意左，战衅开。君力调停，幸得弭。寻当道命吴祥达绥靖潮汕，林将拒之。君陈大义，厚资给，乃逊去。汕地华洋杂处，衅不戢，易起外侮，赖君得救宁，厥功可谓伟矣。前后斥财数十万，转移危局。共和肇造，奖给三等嘉禾章。权汕政，兼全潮财政长，旋谢去，唯拳拳桑梓治安。逾年，积劳勋卒，远近惜之。君籍澄海，登贤身后，见清政不纲，绝意仕进，先总理首义惠州，君倾家相助，事秘题者，邦人追念君功，建亭中山公园纪念，并撮大略以示后人。

（文/李晓犟）

（九）香港著名掌故大师高伯雨

高伯雨（1906—1992），原名秉荫，又名贞白，笔名有林熙、秦仲龢、温大雅等25个之多，香港著名的掌故大师、著名学者、散文家。高伯雨是高学能的第六子、高绳芝的胞弟，出生于香港文咸西街高家经营的元发行，曾留学英国，主修英国文学。返国后，在上海工作。抗日战争期间回港，因谙于掌故而驰誉香港文坛。

1957年，高伯雨的《听雨楼杂笔》由创垦出版社出版，所记多属政坛及文坛掌故。他编过副刊，为报纸写过稿，也开过画展，更办过文史刊物《大华》杂志。高伯雨以写稿为生，一写就是50多年，他曾自嘲为"稿匠"，据保守估计，他一生所写文字有千万字之多。

■ 1934年高贞白在北平留影

《听雨楼随笔 初集》

《听雨楼随笔》

【附】《深圳商报》文章

高贞白：掌故大家也是书画高手

魏沛娜

"雨中烟树忆南村，笔法君家本有源。绝似哀湍奔笔底，潇潇飞雨隔江繁。"知名学者饶宗颐笔下滔滔誉辞即是学者、掌故大家、书画艺术家高贞白。高贞白，原名秉荫，又名伯雨，生于1906年，逝于1992年。其幼年亲近翰墨，对书画艺术有浓厚兴趣，成年后又师从名师，丹青印章俱精，且雅好与文人名士交游，朋辈相赠作品颇多，"听雨楼"书画收藏闻名四方。

最近，"听雨文余——高贞白书画展"正在广东美术馆展出，共展出作品共80余件，其中高贞白作品60余件，高氏收藏书画作品10余件。另有手稿、书札以及著作与出版物。有学者称"观其书画作品及藏品，大致可见一时一地之精神、风气、掌故，和他的文章一样，这批书画作品亦可视为一代文化人的心史"。

书画尽显文人清雅气息

高贞白是广东澄海人,出身晚清富商家庭,后家道中落。曾先后于香港、广州、澄海及上海等地念书,后赴日本及英国进修。返国后,先后在上海中国银行工作。虽生于商人之家,却独对文艺深感兴趣。高贞白在《听雨楼随笔》中曾忆述,他"小时候在家塾读书,书斋壁上,总是悬挂几副当代名人的对联,上款大多数是先父的,也有一些是已谢世的长兄的。作联的人有丘逢甲、杨兆麟、杨守敬、夏同龢、朱祖谋,还有一副是当时在北京大学任校长的蔡元培"。

需要一提的是,高贞白一生交游广阔,年轻时与近代政界、文化界名流多有亲炙,与当时的名人名家多有往还,还曾师从清宗室、书画大师溥心畬学画,开过画展。并随书法家杨千里学习治印,其余学琴学书。其书

高贞白作品

法恣纵自适,师法米芾。绘画则出自名师,高古一路。山水人物,远蹱四王。总之其书画格调高古,尽显旧时文人的清雅气息。对此,香港知名学者、鉴赏家、收藏家许礼平认为,高贞白的书法早有根底,那是自幼家庭熏陶的。而高贞白同样讲过,他十多岁时就"对于临池也曾'发烧'过六七年,一开手就临欧阳询的《皇甫君碑》,以后泛临汉魏六朝各种碑板,到辛酉年,更致力于龙门造像,尤其《始平公造像》一品用了不少时间去摹写。到壬戌年八月二日大风灾后,停课差不多半个月,我除了读《世说新语》和《聊斋》来消遣外,就是临碑,开始学临隋碑龙藏寺了"。

在许礼平看来,高贞白具有书画训练的"童子功",又得到溥心畬的指授,书画造诣大进。所写人物、山水、花卉、翎毛诸种画作,下笔挺拔、气格高雅,非时人所能企及。到晚岁虽然不弄丹青,但仍可悬腕挥毫作书。"高先生的名字可能在当下21世纪书画圈不太为人熟知,一方面他为人谦逊,觉得书画方面没有他的位置;另一方面,他的主要贡献在掌故学上的研究上。然而在这个展览中,我们也可以看到展出的信札里,很多他人对高先生书画的赞扬记录,可见他书画成就之高。"许礼平说。

文字之外的笔墨生涯

1937年"卢沟桥事变"爆发,高贞白逃难到香港,从事历史掌故写作,作品散见香港及东南亚各大报纸杂志,成为香港重要的文化群体"南来文人"中的一分子。对于前尘往事,则以"听雨楼"为名,娓娓述撰近世掌故,直至终老。其一生所用笔名有林熙、秦仲龢、温大雅等25个之多。尤要一提的是,高贞白居港期间还从事历史翻译、编辑、出版等文化工作。特别是自办《大华》杂志,为著名文史杂志《大人》《大成》撰稿,并与郑逸梅、陆丹林、瞿兑之、周作人等内地文化人往还,商量旧学,考订史实,约稿救济,先后与内地各类文化人信札达千余通。迄今"听雨楼"引起内地学界关注已经有20多年。

作为一代掌故大家,高贞白文史学养深厚,以谙熟民国掌故逸事更为世人熟知,其掌故文章,钩玄探微,存真去伪,有史家风范。掌故大家瞿兑之曾评价道:"贞白兄考订精详,下笔不苟,友人中唯徐一士能之,而笔歌墨舞，矫若游龙，则徐君不能及也。"1957年《听雨楼杂笔》由创垦出版社出版，所记多属政坛及文坛掌故。而高贞白收藏名家的书画作品，或条幅，或扇面，颇具规模，既有民国一代人的笔墨交游，也有香港半个世纪来的诗酒酬唱。对此，广东崇正拍卖有限公司首席执行人许习文表示，和晚清、民国时期重要人物的交往经历，都与高贞白后来撰写掌故有莫大关系，而这些交游本身，后来也成为重要的掌故。许礼平认为，"此非仅仅是编者作者往来，而实为一时代一地区留下了珍贵的文化活动史料，为后来研究香港文学史提供了重要的信息"。

然而，令人感喟的是，高贞白晚年自己想出一本惬意的选集，却也屡遭波折。2012年，"迟到"已久的十卷本《听雨楼随笔》终于出版面世。与高贞白亦师亦友的香港知名学者卢玮銮直言其"正好补偿香港对他冷遇的错失，告慰他在天之灵"。

谈起高贞白一生的成就，许习文感慨颇深。他认为，多年来，作为书画家的高贞白并不多为人知。如果说，今天我们应该去了解一个全面、丰富的掌故大家高贞白，那么，此次展览上他的这批书画作品和藏品，便是必不可少的研究材料。"高贞白的书画作品，其笔墨、内容、形式，可证其艺术品位之高；在余事进行书画创作，也符合中国艺术的最高评价（没有功利的创作，逸品），而他的收藏品，其作者并非耳熟能详的民国人物，然而一经品读、索引，却故事无穷，并可以与他的文章互相参照。也许，这部分藏品，给了我们一个观看掌故大家的方式。"许习文强调，"如果说高贞白在香港撰写掌故文章长达半个多世纪是一个传奇，那么他在文字生涯之外的笔墨生涯更让我们惊奇"。

（原载2016年10月28日《深圳商报》）

（十）潮汕近代著名画家高振之

高振之（1862—1946），又名高矗，住上窖沟尾高厝，出身书香门第，清末秀才，生性淡泊，善画墨竹、鹌鹑。他的风竹、霜竹、雨竹、露竹、晴竹劲挺多姿，各具神韵，尤以"指竹"闻名。其所画鹌鹑，深得宋人笔意，栩栩如生，素有"鹌鹑王"之誉。民间流传其"半个龙银画半只鹌鹑"的故事。

民国年间，高振之与孙裴谷和范昌乾等在汕头市创办"艺涛画社"，出版有《岭东名家画集》；又在家乡建有"可楼"画阁，汕头黄史庭裱画店曾专为他设国内外求画站。他的不少作品为国内外博物馆珍藏。

高振之不仅画技高超，而且练出一手古朴遒劲的行草书，与其画相得益彰。其"指书"名闻潮汕。澄海民间收藏其草书"指书"唐诗18首，"指"走龙蛇，神完韵足。

高振之习惯以"振之""振之指"落款，盖上篆书"振之"朱文方印。潮汕历史文化研究中心收藏其一行书条幅："板桥道人云：石涛画竹好野战，略无纪律，而纪律自在其中。余为江君颖长作此大幅，极力仿之，横涂竖抹，要自笔笔在法中，未能一笔逾于法外甚矣。石公之不可及也。"此幅书法随意挥洒，歪正欹斜，肥瘦各别，浓淡相间，结体参差，万千气象在其笔端流泻。

1939年农历五月三十，日军攻入澄城，高振之因年纪较大，没能随村民逃难，在家门口被日寇连刺3刀，当场倒在血泊之中。高振之被刺后，伤势严重，从此一病不起。

（十一）韩江纵队老战士高风

高风（丰），小名高祚辉，1921年出生于澄海区上窖村青窗内，有两位哥哥——高祚隆、高祚绵。高祚隆是上窖小学首任校长。高风初中阶段在汕头一中求学时，就接触了进步的革命思想，这为他日后弃笔从戎投身抗日埋下了伏笔。

1938年，汕头沦陷，尚未初中毕业的高风毅然投身抗日，在揭西钱坑组织"抗日杀敌队"，带领一支由当地进步学生和乡民组成的

■ 高风

100多人的队伍与日本鬼子周旋。这支队伍一直由中国共产党的领导，并于1945年配合韩江纵队在揭西棉湖起义，开到流沙继续作战，高风也于同年正式加入韩江纵队，任韩江纵队第二支队大队长。

在几十年的戎马生涯中，高风参与的大大小小的战役不计其数，而最令他难忘的是1944年他带领抗日杀敌队与日本鬼子的一次正面交锋。据高风回忆，当时，他们的队伍在普宁里湖包围了入侵的日本鬼子，把鬼子困在一个祠堂里整整一夜。大家士气高昂，誓死全歼敌人。但由于我方装备落后，敌人负隅顽抗，出于保存力量的考虑，高风的队伍才忍痛撤退。令他欣慰的是，那天他们打死、打伤鬼子多名，而我方无人伤亡。

加入韩江纵队不久，抗战胜利了，高风继而随部队转战大南山、大北山，抗击国民党反动派的围剿。1946年，又北撤到山东，留在野战军23军，参加了莱芜战役、华东战役、淮海战役和渡江战役等重大战役，立下了赫赫战功。

高风少小离家参加革命，转战南北多年。新中国成立以后，他先后在华东野战军司令部、南京军事学院等单位任职，1979年在河南郑州干休所离休。

韩江纵队成立40周年、50周年和60周年的纪念日，他都从河南郑州赶回汕头参加纪念活动。

2005年8月22日，中共汕头市委、市政府在林百欣国际会展中心隆重举行大会，纪念广东人民抗日游击队韩江纵队成立60周年。分散在全国各地的近600位韩江纵队老战士纷纷从北京、上海、广州、南京、杭州、福州、郑州、合肥等地赶回汕头，一起回顾韩江纵队为祖国、为人民而英勇奋战的光辉历程。

当时，已84岁高龄的韩江纵队老战士高风接受记者采访。一谈起汕头家乡的变化，高风欣喜之情溢于言表。他高兴地告诉记者，每一次回汕头，他都发现家乡正发生着喜人的变化，他由衷地祝愿汕头蒸蒸日上，越变越美丽。

2005年8月23日《汕头都市报》发表了记者李晓颦、尤小年的采访文章《高风：投笔从戎勇杀敌寇》。

（十二）著名潮剧表演艺术家姚璇秋

时间定格在这一刻——2022年7月2日上午7时05分，著名潮剧表演艺术家、国家级非物质文化遗产代表性项目潮剧代表性传承人姚璇秋在广州逝世，享年88岁。她一生坚守潮剧舞台，成就梨园一代传奇。70多年如一日感党恩、听党话、跟党走，著名潮剧表演艺术家姚璇秋走完了精彩的艺术人生。

姚璇秋（陈文惠摄影）

在潮剧界，姚璇秋是旗帜性人物，是新中国成立以后党和国家培养出来的潮剧杰出人才，她见证了潮剧70多年来的发展历史。她曾受到毛泽东、周恩来等老一辈国家领导人的接见，习近平总书记提及潮剧时也提起她的名字。

姚璇秋的潮剧艺术生涯的约40多部戏，从《扫窗会》《井边会》《梅亭雪》到《苏六娘》《陈三五娘》《辞郎洲》，再到现代戏《江姐》，她所扮演的古今人物，都得到海内外观众的高度赞赏，在潮汕地区可谓家喻户晓。从艺73年，她与潮剧共荣发展，随潮剧进京，使潮剧走出广东、走向全国，甚至走出国门，她的一生为潮剧发展、弘扬与传承做出了杰出贡献。

1. 结缘潮剧，凭《扫窗会》一举成名

姚璇秋曾说："潮剧作为一个地方剧种，在党的领导下挣脱童伶制的桎梏，迎来大繁荣大发展。我作为新中国成立后党培养起来的新一代演员代表，当时代表潮剧从地方到京城，这是我一辈子都难以忘却的荣耀，这不只是我的荣耀，更是剧种的荣耀。"

姚璇秋1935年出生于澄海，是国家级非物质文化遗产代表性项目潮剧代表性传承人、中国戏曲学院荣誉教授、广东潮剧院名誉院长。

姚璇秋的从艺经历要从潮剧废除童伶制说起。新中国成立前，潮剧实行了很长时间的童伶制，当时的潮剧演员都是10多岁的童伶，在戏班受

尽责罚。11岁时，姚璇秋居住澄海姚厝祠，平时经常看到童伶受到打鼓先生、头手先生和教戏先生"三抄公堂"，受尽体罚，非常悲惨。

13岁时，姚璇秋除了做手工帮补家用，还到火柴厂做童工，业余做戏。1949年读小学时，姚璇秋参加澄海阳春国乐社，学唱半普通话的外工戏。当时学做的外工戏《断机教子》，是姚璇秋潮剧生涯中的第一出戏。

1951年，潮剧界在汕头大观园戏院召开废除童伶制、烧毁卖身契大会，正式宣布废除童伶制。第二年，正顺潮剧团的陈炳光和郭石梅两位潮剧老前辈到澄海演出，偶然听到姚璇秋演唱的片段，便上门说服她到戏馆做戏。就这样，姚璇秋凭借一把好嗓音被选入正顺潮剧团。1953年，姚璇秋开始了她的戏剧生涯。她是潮剧废除童伶制以后进入剧团的新一代潮剧演员的杰出代表。

《扫窗会》是她进入潮剧团后正式学的第一出启蒙戏。1953年，姚璇秋师从潮剧名教戏杨其国、陆金龙、黄蜜，后得卢吟词先生指导，开旦行戏路。她天资聪颖，学艺刻苦，入戏快，加上当年剧本改革有了好剧，仅10个月即演出潮剧《玉堂春》和传统锦出戏《扫窗会》，并随潮剧代表团参加首次广东省戏曲改革工作汇报演出，获表演奖，初露才华。改革后的潮剧《扫窗会》保留传统唱腔和曲牌音乐，程式表演细腻丰富，55分钟的折子戏，姚璇秋足足打磨学习了8个月时间。当时由卢吟词、郑一标导演，翁銮金饰高文举，由姚璇秋饰王金真。就这样，一把好嗓音遇到好老师和好剧本，姚璇秋在多位师父的悉心指导下，以《扫窗会》走上潮剧舞台，一举成名。

2. 发扬光大，进京演出一炮打响

姚璇秋曾说："我的艺术生涯跟到好形势，看的剧种多，并有机会向外地好的剧种学习，甚至得到梅兰芳老师的亲自指导，使我的表演艺术在控制人物情绪表达上有所进步。"1956年姚璇秋调入广东潮剧团成为当家旦角，并光荣地加入了中国共产党。1957年，潮剧与广东省的琼剧、汉剧组成"广东潮琼汉剧赴京汇报演出团"赴京演出，这是广东省潮剧团第一次上京，姚璇秋主演《苏六娘》的苏六娘和《荔镜记》的黄五娘，特别是扮演《扫窗会》的王金真,细腻的唱做艺术,获得首都文艺界的赞赏。在中南海为中央领导同志演出,受到毛泽东和周恩来等中央领导同志的亲切接见。潮剧首次进京演出,一炮打响,好评如潮。随后到上海、杭州等地巡回演出,影响遍及大江南北。

1959年姚璇秋又随广东潮剧院一团到北京做献礼演出,这是继1957年之后潮剧第二次上京。姚璇秋主演《辞郎洲》的陈璧娘、《苏六娘》的苏六娘、《荔镜记》的黄五娘、《扫窗会》的王金真、《革命母亲李梨英》的李梨英等。再一次到中南海怀仁堂演出,受到周恩来等中央领导同志的亲切接见。

当时,姚璇秋在《辞郎洲》中的表演获首都戏曲艺术界专家和表演艺术家老舍、田汉、罗合如、张庚、李少春、阿甲、胡沙等的高度评价。接着随团到南京、上海、杭州和南昌等地演出,广泛观摩各地兄弟剧种的表演艺术,与兄弟剧种进行艺术交流,向京剧大师梅兰芳、盖叫天,以及梅兰芳的高足魏莲芳学习,博采众长。

1959年《苏六娘》拍摄成潮剧艺术影片,1961年《荔镜记》(即《陈三五娘》)摄制成潮剧艺术影片,姚璇秋成功地塑造了苏六娘和黄五娘两个古代少女的形象。

■ 姚璇秋(陈文惠摄影)

1962年，老舍先生与一批艺术家应汕头地委之邀赴汕访问，离汕时说到潮剧，谈及姚璇秋的潮剧艺术时说："姚璇秋是新一代优秀演员，很有培养前途。一定要系统地整理潮剧的剧目，发掘自己的特色，吸取其他剧种甚至其他艺术形式的精华。"

3. 传承创新，不遗余力推动潮剧艺术薪火相传

姚璇秋曾说："潮剧的传承，要从潮剧的承前和启后两部分讲起。我最大的期望是潮剧艺术能够薪火相传，一代接一代传下去。""只要组织需要，我就不辞辛苦，无偿参与公益演出和指导学生，为传播潮剧文化和传授潮剧传统艺术，培养新一代潮剧人才奉献余热。"

1978年年初，广东潮剧院恢复建制，汕头地区潮剧团、实验潮剧团归并入潮剧院，名艺人及艺术骨干先后归队，各县市潮剧团先后复办。潮剧院为此复排了一批经典作为献礼剧目，其中最引人瞩目的当属古装戏《陈三五娘》。

当时，年方17岁的吴玲儿和蔡明晖、黄嘉如及陈丽华4人报名学徒班学帮声。姚璇秋安排吴玲儿扮演黄五娘，蔡明晖扮演益春，黄嘉如扮演李

■ 姚璇秋剧照

姐,张怡坤扮演陈三,经过每天两场共26天的传授,吴玲儿成为姚璇秋公开收下的首位门徒。1979年金秋,潮剧团抵泰国表演,《陈三五娘》被作为献演的第一出戏,深得名师真传的吴玲儿,在异域舞台大放光彩,她主演的《陈三五娘》为全程演出打响了头炮。和许多传统剧种一样,潮剧也面临着如何传承、如何更好创新,以及如何培养新人、传播推广等问题。

2000年,姚璇秋退休后,还一如既往当起潮剧传统艺术保护传承工作的带头人,为传播潮剧文化和传授潮剧传统艺术,培养新一代潮剧人才奉献余热。2003年,张怡凰、李莉、林初发和陈晓丽正式宣布成为姚璇秋经典剧目《扫窗会》的第二代传承人。

为将姚璇秋成名作、经典折子戏《扫窗会》传承给青年演员,2016年4月,汕头市潮剧研究传承中心、广东潮剧院组织开展《扫窗会》传承培训传习活动,邀请姚璇秋亲自传承经典。

4. 最高荣誉,倾其一生与潮剧共荣发展

姚璇秋曾说:"其实荣誉对于我个人来说,我是不看重的,这些荣誉都是剧种的,只不过是由我代表这个剧种去拿回来。2020年习总书记来广

东视察,专门提到潮剧,提到我,我倍感荣幸。"

姚璇秋毕生精力都奉献给潮剧艺术表演,从艺以来,她在前人的基础上不断开拓、创新,她所塑造的一个个光彩夺目的舞台形象,在潮剧史上留下了绚丽的篇章。她主演了《扫窗会》《荔镜记》《辞郎洲》《苏六娘》《江姐》等经典剧目,塑造了王金真、黄五娘、陈璧娘等经典角色,她的艺术代表着当代潮剧旦角表演的最高成就,被梅兰芳先生盛赞为"雅歌妙舞动京华",可以说是潮剧界名副其实的扛鼎人物。

2006年,潮剧入选第一批国家级非物质文化遗产名录。2008年,姚璇秋被文化部推选为国家级非物质文化遗产项目潮剧代表性传承人,2010年被广东省委宣传部、广东省文化厅、广东省文学艺术界联合会、广东省作家协会授予"广东省首届文艺终身成就奖"。

作为剧种代表性人物,2016年,姚璇秋入选文化部2016年"名家传戏——当代戏曲名家收徒传艺"工程项目名单,潮剧传统折子戏《扫窗会》《梅亭雪》被列为传承剧目。

2021年2月26日,"2020中国非遗年度人物"推选结果在北京揭晓。国家级非物质文化遗产代表性项目潮剧国家级代表性传承人姚璇秋榜上有名,是广东省首位获得该殊荣的中国非遗年度人物。姚璇秋代表潮剧项目获得入选,填补了这个奖项在汕头市乃至广东省的空白。

2014年3月,习近平总书记在全国两会期间参加广东代表团审议时提及姚璇秋同志。2020年10月,习近平总书记在潮汕两地考察时亲切关心姚璇秋同志近况,高度赞扬她为弘扬优秀传统文化做出的突出贡献。这充分体现了总书记对潮剧艺术工作者的深切关怀和对潮剧文化发展的殷切期盼,令姚璇秋倍感温暖、倍受鼓舞、倍增信心。

为深入贯彻习近平总书记给中国戏曲学院师生重要回信精神和视察广东重要讲话指示精神,推动戏曲事业及潮剧艺术传承发展,作为中国戏剧界德艺双馨、蜚声海内外的老艺术家,2021年10月19日,受聘为中国戏曲学院荣誉教授的著名潮剧表演艺术家姚璇秋来到中国戏曲学院,为中国戏曲学院表演系2021级多剧种表演班的28位潮剧学员授课。

在中国戏曲学院排练厅课堂上,姚璇秋为本科班的学子们示范了潮剧

12项基本功，还示范了具有潮剧特色的拱手礼、姜芽指的动作要点。姚璇秋要求学子们在中国戏曲学院学习的过程中要守住潮剧传统特色，学习融汇其他剧种的艺术，丰富潮剧的表演，推动潮剧的发展。当天，姚璇秋还教唱了《扫窗会》《陈三五娘》等经典选段，对学子们的唱腔、形体、步法进行一对一的指导。

2021年11月1日，广东省委在广州召开省委人才工作会议，对12名2021年"南粤突出贡献和创新奖"获得者进行表彰。广东潮剧院国家一级演员、著名潮剧表演艺术家姚璇秋荣获2021年度"南粤创新奖"。这是广东省宣传文化系统首位"南粤创新奖"获得者，更是我市文艺工作者的光荣，激发了广大文艺工作者们的创作热情。

2021年12月14日上午，中国文学艺术界联合会第十一次全国代表大会在北京人民大会堂开幕。广东潮剧院名誉院长、著名潮剧表演艺术家、中国戏曲学院荣誉教授姚璇秋随广东代表团参会，在京城为潮剧发声。

"含咬吞吐，多样妙手，秀口吟唱中她树起了传统潮剧的发展大旗；大家名角，蜚声海外，言传身教下她播散了戏剧传承的星星火种。""2020中国非遗年度人物"颁奖现场揭晓词简明扼要地评价了姚璇秋的艺术人生。

此前，姚璇秋接受专访时曾反复说过，"我这一生都属于潮剧。像我这样的年龄，很多人都是在家安度晚年，我却依然为了潮剧事业南北奔波。但是为了剧种我愿意。只要潮剧有需要，我随时都会站出来"。

从艺73年，姚璇秋始终感党恩、听党话、跟党走，矢志不渝地追求艺术，把初心使命写在舞台上。在党组织关怀、培养下，姚璇秋与潮剧这个古老剧种共荣发展，塑造了一个个生动的艺术形象，在潮剧舞台上兢兢业业，用艺术生涯践行了"为人民而唱、为人民抒情、为人民抒怀"的初心使命。

（原载《汕头日报》，文/陈文惠）

（十三）教育家黄宇智

黄宇智（1938—2016），男，中共党员，研究员，硕士生导师。出生于上窖，毕业于中南林学院，1978年在韩山师范专科学校（现韩山师范学院）工作，1982年调到汕头大学参与筹建工作直到退休。

历任汕头大学教务处处长，招生办主任，汕头大学高等教育研究所首任所长，广东省高等教育学会副会长。他是改革开放后广东第一代高教研究学者，曾参加当时国家教委发起的"建设有中国特色社会主义高等教育理论

■ 黄宇智

研究"等重大课题研究，出版《现代教育改革论》《中国高等教育发展宏观背景研究》《当代中国高等教育论要》等专著，为高等教育学科建设和人才培养做出了重要的贡献。

乡 贤

（一）高 峰①

高峰，男，汉族，1969年7月生，中共党员，省委党校大学学历，新加坡侨眷。曾任云南省侨联对外联络处副处长、办公室副主任、对外联络处处长、秘书长，云南省侨联党组成员、副主席。现任云南省侨联党组书记、主席，第十一届中国侨联副主席（挂职）。

2024年4月12日至16日，中国侨联副主席高峰一行到广东省汕头、揭阳、潮州三市调研侨文化建设，出席"弘扬潮州侨乡文化，做好新时代'侨'的文章"主题系列活动。广东省侨联党组书记、主席李丰，广东省侨联二级巡视员林克风等参加有关调研活动。

高峰一行实地考察了汕头侨批文物馆、小公园开埠区、潮汕历史文化博览中心、海外华文教育创新发展中心、华侨之家、许包野烈士陵园、冠山书院等地，了解侨批历史和侨批保护利用情况，察看街区修复改造和活化利用最新进展，了解潮汕华侨心系家国故土、支持祖国和家乡建设的历史，并与汕头市侨界代表和市侨联机关干部进行交流，就汕头如何发挥资源优势，用心用情做好新时代"侨"的文章提出要求。

高峰对汕头市近年来不断创新思路举措，开拓侨联工作新局面取得的成效表示充分肯定。他强调，要深入学习领会习近平文化思想，贯彻落实习近平总书记关于侨务工作的重要论述，切实发挥侨乡文化优势，注重以侨为桥，突出"侨"的元素，依托"中国华侨国际文化交流基地"载体，积极开展侨文化交流活动，凝聚侨心侨力、激发民族情感，传播中国声音、讲好中国故事；要着力加强国际传播能力建设，促进海内外文化交流和资源共享，更好推动中华文化"走出去"，在深化中外文明交流互鉴，构建人类命运共同体中发挥更大作用；今年是新中国成立75周年，要按照

---

① 高峰，高绳芝（又名高炳贞）同父异母弟弟高炳远的孙子。

中国侨联和国家文物局要求，广泛发动开展好"共和国印记——侨心共筑中国梦"主题活动；要尽力而为、量力而行，在凝心聚力、服务发展上多下功夫，引导广大海外侨胞和归侨侨眷侨界人士投身中国式现代化的汕头实践，充满感情做好新时代"侨"的文章，努力为地方高质量发展做出侨界新的更大贡献。

（来源：汕头市侨联）

（二）黄冠城

黄冠城，1967年出生，1985年就读于中山大学，毕业后先后在省公路管理局、省路政局、省交通运输厅工作，历任省交通厅安全处副处长、法规处处长等职务，目前为省交通运输厅一级调研员。

（三）高叙壮

高叙壮，男，曾用名高树壮，1972年8月出生于上窖村高厝内，1990年12月应征入伍，1992年10月加入中国共产党，1995年7月军校毕业提干，2013年1月晋升正团职、7月晋升上校军衔，2016年7月转业，现任汕头市工业和信息化局三级调研员（正处职待遇）、机关党委副书记、纪委书记。

入伍后，先后考取（入读）解放军广州医学高等专科学校、桂林陆军指挥学院、南京陆军指挥学院、国安安全部江南社会学院、中央党校。历任战士报道员、报道组长、军校学员、政治指导员、师团机关干事、副科长、科长、汕头警备区政治部副主任、潮南区人武部政委兼潮南区委常委、金平区人武部政委等职。

在军队工作期间，多次保障中央军委首长莅汕视察和广州军区、省军区首长检查调研，多次组织重大教育试点、参与重大军事行动、遂行抢险救灾任务，牵头总结的36篇相关工作经验在全国全军推广；担任警备区科长和3个单位政治主官10年间，均带出先进单位；推动建设警备区军史馆、解放南澎岛烈士群雕、某海防团史馆等一批革命传统教育基地；发表新闻稿件、研讨文3500多篇，其中头版头条和报眼130多篇，获奖110

多篇，宣传培养全国"先进基层党组织""学雷锋先进集体"南澎岛海防连、"拥军先进集体"汕头市工人文化宫和广州军区"全面建设先进旅团单位"海防某团、"党管武装先进单位"澄海区委、"国防之星"吴启煌等一大批重大先进典型，为警备区部队民兵预备役的革命化现代化正规化建设做出积极贡献，先后6次荣立个人三等功，15次被广州军区和省军区树为新闻宣传工作标兵、政法工作标兵，38次被《解放军报》《中国国防报》《战士报》《民兵生活》和《广东武装》评为"优秀特约记者"。

转业到地方工作后，先后负责和协管多个领域工作，带领队伍出色完成机关党建、工业投资、技术改造、惠企助企、无线电保障等任务，有力助推我市"工业立市、产业强市"，被评为市直机关优秀党员，2个年度考核优秀。

（四）黄焕亮

黄焕亮，男，1978年11月生，广东澄海上窖村人，2001年7月参加工作，2000年11月加入中国共产党。武汉理工大学交通运输规划与管理专业毕业，研究生学历，工学硕士学位，高级人力资源管理师、工程师。现任深圳巴士集团股份有限公司中层正职。

（五）姚新民

姚新民，男，1952年出生于上窖。曾就读于武汉地质学院，高级工

■ 姚新民书法

程师，曾在地质矿产部广东地质局有关单位工作，曾任广东省地质矿产局七二二地质大队队长。

（五）黄少钦

黄少钦，男，1960年10月出生于上窑。1978年入伍，曾就读于汕头大学医学院，曾任海军424医院文职干部、外科医师。转业到地方后先后任汕头市龙湖区龙祥街道党工委副书记、办事处主任，龙湖工业园区管理办公室主任，龙湖区委区政府办公室副主任，龙湖区机构编制办公室主任，汕头市龙湖区政协专职常委，三级调研员。

上窖村发展大事记

上窖创村于南宋，历史达700多年。

南宋年间，林氏入潮一世祖侍御史、银青光禄大夫林居安定居冠陇。林居安之世孙林良隐在上窖创业发展。

南宋年间，高世则有4个儿子——华峰、华岩、华山、华岳，由漳浦入潮州，创居下窖村。三房高华山公曾孙五世高务实移居邻村玉窖（今上窖社区）创业。

南宋年间，姚中孚，字伯信，咸淳十年（1275）赐进士，授京府尹朝奉大夫。姚中孚致仕后，选择上窖定居，开基创业。

明代，上窖黄氏从福建省莆田县石狮巷迁徙至上窖村定居立籍。

崇祯六年（1633），姚士裘，字启传，上窖姚氏14世祖，中举人，获解元称号，曾任新会教谕、刑部主事。姚氏宗祠前面的麒麟照壁因此而来。

明末，上窖开始有韩江渡。乾隆版《澄海县志·官渡》：玉窖渡距城西南十里达大牙渡（即大衙渡）。

明清时期，官府在村里设置驿铺（驿站），专门承办官府公文传递及信差住宿。光绪年间，澄海县开办邮局后，驿铺被裁撤。

乾隆壬午年（1762），上窖高厝人高中得中武举人。《澄海县志》有记载。

1840年，高厝"青窗内"高满华坐红头船到暹罗谋生。经一番艰苦创业，成为暹罗华人首富，创下高氏家族的传奇和财富神话。

明嘉靖四十二年（1563），澄海设县，上窖隶属于澄海县下外莆都。

1921年，上窖隶属于澄海县在城区。

1946年，上窖隶属于澄海县冠华乡。

1949年，上窖隶属于澄海县上华区。后来，上窖村行政辖属多次变革。2003年至今，属澄海区澄华街道上窑社区。

1950年，上窑兴办小学。1991年11月，由上窑村委发动华侨和居委热心人士捐资人民币100多万元，在村东北面地段兴建新校舍，命名为"玉窑华侨小学"。

1976年，上窑村集体设立机械碾米厂。

1976年年底，全村架设供电线路，村民用上电灯。1999年年底，全村实行电改，供电部门电表直抄到户。

1990年，上窑成立老年人协会。

1995年，村民开始用上自来水，由建于韩江边的自来水塔供水。2000年，全村实施水改，澄海自来水公司供水管网接入村民家中。从此，村民才实质性用上自来水。

2020年，上窑社区荣获"广东省卫生村"称号。

2021年，上窑荣获第七批"广东省古村落"称号。

2022年，在上级部门支持下，上窑社区居委会党政办公楼建成并交付使用。

2022年，上窑社区启动创建国家防灾减灾救灾示范社区工作，2023年通过市级、省级检查验收。

2024年1月，上窑社区被列入广东省"百千万工程"培育村。

2024年9月，上窑社区启动水政项目。

后　记

　　上窖隶属广东省汕头市澄海区澄华街道，创村于南宋，迄今达700余载，民俗风情浓郁，人文底蕴深厚。

　　历史车轮滚滚向前，时代潮流浩浩荡荡，在城市化和现代化的进程中，被划入城区的上窖社区也阔步前进。随之而来是农村到城市的衍变，农耕文明好多元素渐渐远去，数百年古村落风貌和传统生活样式也在改变。追溯村史，记录现状，留住乡愁，成了干部群众的共识。于是，2021年，上窖社区党总支、居委会着手收集资料，通过汕头市文联、汕头市民间文艺家协会，向广东省文联、广东省民间文艺家协会申报第七批广东省古村落，经过专家的实地考察，上窖顺利通过评审，获得"广东省古村落"的光荣称号。接着，社区党总支、居委会又继续发力，成立编委会，组织人力编写村志。历经两年多时间的努力，终于完成《上窖村志》的编撰工作。当然，因资料及笔力所限，尚有不周之处。

　　非常感谢林伦伦教授百忙中为本书撰写序言，令村志有了更多的亮点，提升了高度。林教授还褒奖说，《上窖村志》不仅仅能为该村留下集体的记忆，为子孙后代留下丰富的文化遗产，它还是一本能为历史学者、社会学者提供"民俗乡例""实物碑刻"的好书。

　　2024年1月，上窖社区被列入省"百千万工程"培育村，相信上窖能够驶上新时代乡村建设的快车道，在古村落的保护和发展方面做出有效的探索。

　　本书在编写出版过程中，黄、高、姚、林等姓氏宗祠理事会提供了许多宝贵的资料，乡贤黄锐龙、林喜钦、黄和乐、黄锐彬和很多热心人士也予以支持和帮助。本书照片除署名外，均为邹晓东拍摄。在此，我们谨表示衷心谢意。

《上窖村志》编委会

2024年9月